EL PEQUEÑO LIBRO DE
MAGIA·K

ASTRID CARVEL

nuu

THE LITTLE BOOK OF MAGICK
EL PEQUEÑO LIBRO DE MAGIA·K

Copyright © Octopus Publishing Group Limited, 2024

Edición original en lengua inglesa «Octopus Publishing Group LTD.

Todos los derechos reservados, incluido el derecho de reproducción total o parcial en cualquier forma.

© Editorial Reverté, S. A., 2026
Loreto 13-15, Local B. 08029 Barcelona – España
revertemanagement.com

Fecha de publicación: marzo 2026

2ª impresión: mayo 2026

Edición en papel
ISBN: 979-13-88177-01-9

Edición en ebook
ISBN: 978-84-291-0035-8 (ePub)
ISBN: 978-84-291-0036-5 (PDF)

Editores: Ariela Rodríguez / Ramón Reverté
Coordinación editorial y maquetación: Patricia Reverté
Revisión de textos: Mariló Caballer Gil
Imagen cubierta: © Tanya Antusenok/Shutterstock.com. Leaves © lyubava.21/Shutterstock.com
Adaptación cubierta al español: Feriche Black

Impreso en España – Printed in Spain
Depósito legal: B 4091-2026
Impresión y encuadernación: Liberdúplex
Barcelona – España

156

CONTENIDO

✦ INTRODUCCIÓN ✦

¡Bienvenido al maravilloso mundo de la magia·k!

Quizás te haya traído hasta aquí tu fascinación por lo sobrenatural... ¡Quizás desees descubrir cómo trabajar con las fuerzas mágicas del universo puede mejorar y alegrar tu vida!

Mística y misteriosa, reveladora y poderosa, la práctica de la magia·k te ofrece una oportunidad para que tomes las riendas de tu vida e intervengas en tu propio destino.

Si aprendemos a trabajar en armonía con la naturaleza, conociendo fascinantes deidades de otros mundos, símbolos mágicos, rituales, hechizos y artilugios, podremos hacer un mundo más feliz.

Este libro trata todos estos temas y más, proporcionándote los fundamentos para que te conviertas en una bruja moderna.

Debes seguir las reglas de la Wicca y la ley del tres, que muchos magos manejan: «todo aquello que das, lo recibes por triplicado». Y recuerda que siempre has de utilizar tu magia·k como una fuerza para hacer el bien.

¡El poder del cambio está en tus manos!

¿QUÉ ES LA MAGIA·K?

Todos estamos familiarizados con la palabra *magia*, así que respondamos a la pregunta que tenemos en la punta de la lengua...

¿Cuál es la diferencia entre *magia* y *magia·k*?

La **magia** se refiere al arte escénico de crear efectos de ilusión que suelen realizar los magos en sus espectáculos.

La **magia·k** abarca una variedad de creencias, tradiciones y prácticas para ritualizar intenciones espirituales que provoquen cambios vitales. Esta disciplina parte de la meditación, conjuros, símbolos y otras herramientas, por lo que se suele relacionar con el ocultismo; es decir, con el estudio del conocimiento oculto (derivado del latín *occultus*, «oculto» o «secreto»).

El Proyecto Pluralismo, que estudia la diversidad religiosa en los Estados Unidos, define esta grafía alternativa para diferenciar «la práctica espiritual de la magia ficticia de las novelas y películas de fantasía».

Aunque, a menudo los términos *magia* y *magia·k* se utilizan de forma intercambiable, hay una diferencia clave en su intención.

La magia·k se considera una herramienta para el crecimiento espiritual, mientras que la magia es una forma de entretenimiento.

En este capítulo se analizarán los grupos y creencias de la magia·k, así como sus herramientas, deidades, símbolos y la importancia de la naturaleza para su desempeño.

✦ MAGIA CON «K» ✦

El ocultista británico Aleister Crowley (1875-1947) fue el primero que escribió oficialmente, en inglés, la palabra *magick*. Quería que su práctica espiritual fuera diferenciada de la magia escénica.

Crowley definió la magia·k como la ciencia y el arte que impulsa a una persona a cumplir su último destino, o «su verdadera voluntad». Sobre esta base fundó la religión Thelema, del término griego *thelēma*, que significa «voluntad».

Crowley tenía otras razones para escribir *magick* de esta forma tan particular. Para él, los números 6 y 11 eran bastante significativos, por lo que no es casualidad que ampliara la palabra «magic» a las seis letras de *«magick»*, y que la «k» sea la undécima letra del alfabeto. (Véanse las páginas 114-115 para más información sobre numerología).

Crowley, de personalidad controvertida, murió en el olvido y no tuvo demasiados seguidores durante su vida. Sin embargo, tras su muerte se convirtió en una figura de culto y sirvió de inspiración a otros fundadores de religiones modernas, como Gerald Gardner, creador de la Wicca. Incluso aparece en la portada del álbum *Sgt. Pepper's Lonely Hearts Club Band* de The Beatles.

GRUPOS DE MAGIA·K Y SUS SEGUIDORES

La magia·k se puede practicar en grupo o en solitario. Hay diferentes tipos de prácticas en todo el mundo, pero los principales grupos de magia·k que se mencionan en este libro son:

- **Cábala hermética:** movimiento basado en el misticismo judío, la magia·k helénica (griega clásica) y el hermetismo (una rama de la filosofía espiritual antigua).
- **Brujería:** una práctica tan antigua como la vida misma. Las brujas la practican a solas o en un grupo llamado *aquelarre*.
- **Wicca:** se dice que es la base de la brujería moderna.
- **Thelema:** creada por Aleister Crowley, los thelemitas incorporan y reinterpretan elementos de la Cábala Hermética y de la Orden Hermética de la Aurora Dorada (véase la página 53).
- **Movimiento de la Diosa:** corriente que busca corregir el equilibrio de la religión patriarcal rindiendo culto a la divinidad femenina y promoviendo el culto a la Diosa.
- **Chamanismo:** originario de África, los chamanes suelen entrar en estado de trance para sanar a los enfermos.
- **Vudú:** religión monoteísta, a menudo malinterpretada, procedente de los esclavos africanos que eran desplazados.
- **Druidismo y neodruidismo:** religiones vinculadas a la naturaleza y a la veneración a la Tierra.

✦ ¿QUIÉN PRACTICA LA MAGIA·K? ✦

Magos, hechiceros, brujos o chamanes son algunos nombres que reciben quienes practican la magia·k; pueden desempeñar un papel central en algunas sociedades, mientras que en otras pueden verse marginados.

El término *mago* se confunde a veces con el de *ilusionista*, lo que refleja cierta confusión histórica. En este libro, la palabra *mago* se refiere a quien practica la magia·k, no a quien practica trucos de magia e ilusionismo; el uso de los adjetivos *mágico* o *mágica* también hacen referencia a la magia·k.

«Mago» deriva de la palabra que designaba a un antiguo sacerdote persa (*magus*) y de *maghdim*, un término caldeo que significa sabiduría y filosofía (Caldea era una región babilónica del sur del actual Irak). En la historia europea, el poder de los magos para invocar al mal ha sido a menudo temido, pero la magia·k puede ser neutral. En muchas sociedades, un mago es quien puede proteger a los otros o ayudarles en su crecimiento espiritual.

✦ PRÁCTICAS MÁGICAS ✦

Los magos despliegan múltiples prácticas que varían según la cultura y las tradiciones de cada lugar. ¡Desde lanzar hechizos hasta leer el comportamiento felino!

La ritualización es la clave de las prácticas mágicas, lo que significa que el mago participa en una secuencia de acciones simbólicas y repetitivas para obtener un resultado concreto. Hay algunos, como las brujas, que crean un círculo para protegerse, mientras que otros trabajan con un pentáculo (wiccanos) o un pentagrama (varios grupos neopaganos). Cuando hayas purificado y creado tu espacio protector, podrás utilizar algunas de las herramientas que se exponen en este capítulo —¡y también otras que no aparecen aquí!— para lanzar un hechizo o practicar otros rituales mágicos que te ayuden a hacer que tus intenciones se hagan reales.

La adivinación, el antiguo arte descubrir verdades ocultas (véanse las páginas 80-83), también es importante en la magia·k. Los romanos solían leer las vísceras de los animales, pero en nuestros tiempos entendemos la adivinación como algo relacionado con el tarot o la cristalomancia, aunque las runas y su equivalente chino, el I Ching, siguen siendo populares.

En el capítulo «Practicar la magia·k» (a partir de la página 93) se detallan estas prácticas.

✧ ⋅ ✦ CREENCIAS MÁGICAS ✦ ⋅ ✧

Las creencias de los magos, al no encajar con las religiones mayoritarias —como el cristianismo, el judaísmo, el islam, el hinduismo y el budismo—, a menudo han sido identificadas con algún sistema de paganismo, un término genérico que engloba diversas doctrinas religiosas y espirituales.

Las religiones de inspiración pagana:

- Son politeístas (creen en más de una deidad), animistas (todas las cosas tienen un espíritu) o panteístas (lo divino está en todo).
- Veneran la naturaleza y sus ciclos.
- Se basan en sistemas de creencias antiguos y precristianos, como la brujería, el helenismo o las tradiciones nórdicas.

La palabra *pagano* proviene del latín *paganus*, que en un principio significaba «rústico», y más tarde «civil». Originalmente, el paganismo era un término despectivo utilizado a finales del Imperio romano, y los cristianos lo usaban para identificar a los no cristianos que adoraban a numerosos dioses y diosas. El que los paganos utilicen esta palabra para describirse a sí mismos o sus prácticas religiosas es algo bastante reciente. El paganismo actual se denomina a veces *neopaganismo*, aunque muchos practicantes siguen utilizando el término paganismo.

✦ ✦ DEIDADES MÁGICAS ✦ ✦

Una deidad es un dios o una diosa que puede ayudarte en tu práctica mágica proporcionándote orientación, protección y las energías necesarias. En muchas ocasiones, quienes practican la magia·k interactúan con dioses de la época precristiana y asocian deidades específicas con ciertos rituales.

La lista de dioses ancestrales es muy larga, por lo que se hace inviable enumerarlos todos. Pero ten por seguro que hay uno para cada cosa imaginable: deidades del cielo y las estrellas, el nacimiento y la muerte, el amor y la guerra, el hogar e incluso la poesía.

Aquí tienes algunas deidades mágicas muy populares:

Especialidad	Dios/Diosa	Cultura
Magia·k	Hécate, madre de la brujería	Griega
Amor	Cupido, Venus	Romana
Sabiduría	Odín	Nórdica
Salud, fertilidad, sabiduría, agua	Anahit	Armenia
Transformación, meditación	Shiva	Hindú
Agua, maternidad, fertilidad	Yemaya	Africana

✦ HERRAMIENTAS MÁGICAS ✦

En estas páginas, veremos algunas herramientas mágicas que puedes usar. Entre otras:

- **Varita:** un bastón especial para dirigir el poder mágico.
- **Bola de cristal:** mirando su interior podrás ver tu futuro.
- **Caldero:** mítica olla de la bruja donde todo se cuece, desde la comida hasta los hechizos.
- **Escoba:** legendario utensilio doméstico muy asociado a las brujas.
- **Grimorio:** un libro de hechizos mágicos.
- **Altar:** un lugar puro donde colocar tus herramientas.
- **Velas:** realzan el ambiente mágico, además puedes grabar en ellas palabras o símbolos para realzar la fuerza de los hechizos.
- **Cristales:** estas encantadoras gemas canalizan el poder de la naturaleza y los poderes sobrenaturales.
- **Hierbas:** ¡esas pequeñas hierbas verdes que utilizas para cocinar son más poderosas de lo que te imaginas!
- **Cáliz:** copa o taza refinada que se utiliza para beber en los rituales.
- **Athame:** daga o cuchillo ceremonial sin filo que se emplea únicamente con fines rituales.
- **Péndulo:** objeto con peso suspendido de una cadena o cordón utilizado para la adivinación y la radiestesia.

✦ VARITA ✦

¡La varita es una herramienta esencial para cualquiera que se inicie como mago! Cuando se lanza un hechizo, sirve para canalizar la energía mágica e incrementar sus efectos.

Asociadas a la energía masculina, suelen estar hechas de materiales naturales, como madera o metal. A la hora de elegir una varita es oportuno averiguar qué propiedades aporta cada material a tu hechizo.

Puedes comprar varitas mágicas a través de internet o en una tienda esotérica, o fabricarte una tú mismo. Para aumentar tus posibilidades de éxito, elige entre los siguientes materiales:

- **Roble:** aportará suerte y longevidad a tus actos mágicos.
- **Abedul, pino, aliso:** protectora, purificadora, estabilizadora.
- **Haya:** atrae el amor, la amistad y las oportunidades laborales.
- **Arce:** potencia los hechizos relacionados con la prosperidad y la abundancia.
- **Oro:** realza la belleza, atrae el amor y la abundancia.
- **Plata:** amplifica las habilidades psíquicas, ideal para la magia·k lunar.
- **Estaño:** para los hechizos de adivinación, da buena suerte.
- **Cobre:** impulsa el amor y la abundancia.
- **Latón:** fomenta la comunicación, ideal para los hechizos protectores.
- **Acero:** promueve la curación y protege.
- **Zinc:** para hechizos de destierro y protección, atrae el amor y la prosperidad.

✦.✦ BOLA DE CRISTAL ✦·✦

Estos maravillosos objetos mágicos se han utilizado en muchas culturas y se remontan al menos al siglo I d.C., cuando Plinio el Viejo escribió sobre los adivinos que miraban dentro de una bola de cristal.

John Dee, consejero de la reina Isabel I de Inglaterra a finales del siglo XVI, consultaba una bola de cristal, y su popularidad se extendió durante la época victoriana.

Fueron muy utilizadas en la Edad Media por viajeros y romaníes, que llevaron esa tradición de la India a Europa. Actualmente, videntes y médiums hacen uso de estas esferas que siguen fascinándonos.

De diferentes tamaños, suelen estar hechas de vidrio o cristal de cuarzo transparente y se utilizan con distintas finalidades mágicas:

- **Adivinación:** mira fijamente la bola para «ver» mensajes del universo (véanse las páginas 102-103).
- **Meditación:** sostén la bola o tenla cerca durante la meditación para profundizar en tu práctica.
- **Sanación:** coloca la bola sobre cualquier chakra bloqueado.

La bola de cristal de la emperatriz viuda, que pesa 22 kg, es una de las bolas de cristal más grandes del mundo y se cree que perteneció a la dinastía Qing de China.

✦ CALDERO ✦

Estas ollas, tradicionalmente hechas de hierro, son una herramienta mágica muy popular entre las brujas de todo el mundo.

Aunque los calderos se utilizaban para cocinar, limpiar o transportar agua, en la práctica de la brujería europea se hicieron imprescindibles para elaborar venenos y ungüentos, y en los rituales para realizar hechizos. Los celtas creían que removiendo su contenido combinaban la sabiduría divina con la inspiración con el ciclo de la vida, la muerte y el renacimiento. El caldero, considerado un símbolo femenino, también encarna el útero de la Diosa madre.

En el arte, la literatura y el folclore medieval, las brujas aparecen cocinando sus pociones en su caldero burbujeante al fuego. En la caza de brujas de los siglos XVI y XVII, se las acusaba de crear hechizos utilizando ingredientes como sangre de murciélago, serpientes, sapos decapitados y grasa de bebé.

Sin embargo, los calderos eran imprescindibles para los alquimistas que buscaban convertir el plomo en oro o plata, o crear una gran gema a partir de otras más pequeñas.

Calderos famosos

El **caldero de la regeneración** está asociado a las diosas celtas Cerridwen y Branwen, junto con la diosa babilónica Siris. Estos calderos proporcionaban sabiduría e inspiración.

El **caldero de Gundestrup**, procedente de Dinamarca, anterior al año 100 a. C., está fabricado en plata y lleva grabadas imágenes de víctimas que son arrojadas a un caldero de sacrificio. Estos calderos también aparecen en las tradiciones chamánicas y celtas.

Se dice que el **caldero de Dyrnwch**, antiguo dios galés, distingue a los hombres valientes de los cobardes. Cuanto más valiente era un hombre, más rápido se cocinaba la carne. Si hicieras un guiso de carne para un cobarde, ¡quizás aún estarías esperando, ya que la carne nunca se cocinaría!

El dios nórdico Odín bebía sangre mágica de un caldero de la sabiduría para obtener poderes divinos, mientras que la diosa bruja griega Medea podía devolver la juventud a aquellos que tenían la suerte de beber de su caldero.

✦ ⋆ ＊ ESCOBA ＊ ⋆

Indudablemente asociada a la brujería, es un instrumento mágico tradicional que se suele utilizar para barrer un área ceremonial y limpiarla antes de un ritual. Aparte de limpiar el suelo (¡!),
simbólicamente elimina cualquier energía negativa que se haya
acumulado desde el último ritual.

Las escobas que formaban parte de las prácticas rituales antiguas son fáciles de fabricar. Son muchas las culturas que creían
en sus propiedades mágicas para proteger el hogar, para consa-
grar espacios sagrados y para posibilitar la adivinación y la comunicación con los espíritus. En tumbas del antiguo Egipto, se han
encontrado escobas del tamaño de una mano, supuestamente
para barrer la energía negativa.

Tradicionalmente, el mango de una escoba es de fresno o roble y está hecha de ramitas de abedul, unidas con tiras de sauce
o avellano. Se está haciendo popular en las ceremonias de las
bodas paganas o wiccanas, en las que la feliz pareja «salta la escoba» para iniciar su nueva vida y afirmar su compromiso.

Podrás utilizar tu escoba mágica, aparte de para barrer, en distintas tareas y con múltiples finalidades.

- Para los rituales de prosperidad, adorna tu escoba con cintas verdes. En el mango, puedes incrustar algunos cristales que vibren —como la aventurina— para fomentar la buena fortuna, o tallar los símbolos más adecuados de las runas para atraer la abundancia.

- Tienes que colgar tu escoba sobre la puerta principal para mantener alejados a los invitados indeseables y rechazar la energía negativa. Así también desviarás las maldiciones y los chismes desagradables.

- Intenta crear una escoba para una ocasión especial, como una boda, dar la bienvenida a una nueva vida al mundo o incluso como memorial para alguien que ha entrado en el Summerland, el paraíso o más allá wiccano.

¿Sabías que una sencilla escoba es la única herramienta mágica que representa tanto la energía masculina (el palo) como la femenina (las cerdas)? Esta singular combinación de energías explica su popularidad como parte de las ceremonias nupciales, razón de más para incluirla en tu repertorio mágico.

✦ LEYENDAS DE LA ESCOBA ✦

Sorprendentemente, fue un brujo llamado Guillaume Edelin el primero en confesar que montaba una escoba. Cuando en 1453, bajo tortura, lo «confesó», la imagen de una bruja volando en una escoba ya formaba parte del folclore popular.

Según el antólogo Robin Skelton, la idea de volar en una escoba proviene de los rituales paganos de fertilidad de la época precristiana. En su libro *El retorno de las brujas* narra cómo, a la luz de la luna llena, los paganos montaban en escobas u horquillas, como si fueran caballos de juguete, para fomentar el crecimiento de sus cosechas. Con el tiempo, la visión de esa «danza de las escobas» se distorsionó con relatos de «brujas» que volaban por la noche para causar daños.

En algunas tribus africanas, los hombres salen de casa cuando sus mujeres barren. Se rumorea que, si la escoba les golpea accidentalmente, podrían quedarse impotentes a menos que la agarren y la golpeen contra la pared: deben golpear la pared entre tres y siete veces para romper la maldición, según de qué cultura se trate.

✦ ·✦ GRIMORIO ✦·✦

Un *grimorio* es un libro de conocimiento mágico de brujería y hechicería. Su nombre deriva de la palabra francesa *grammaire*, gramática, que hacía referencia a los libros antiguos y eruditos escritos en latín.

En un grimorio encontraremos recetas e indicaciones para hechizos, para efectuar rituales y utilizar las herramientas mágicas. También puede incluir cómo hacer tu propio talismán protector o cómo interactuar con seres sobrenaturales, como ángeles, espíritus, deidades o demonios. Se dice que los grimorios también tienen poderes mágicos.

Grimorios famosos

- Francis Barrett, *El mago: un sistema completo de filosofía oculta* (1801).
- Samuel Liddell MacGregor Mathers, *La llave del rey Salomón* (1888).
- Gerald Gardner, *El libro de las sombras gardneriano* (década de 1950).
- Honorio de Tebas, *El libro jurado de Honorio* (fecha desconocida)

Muchos magos crean sus propios grimorios, o libros de las sombras, donde anotan sus rituales y sus experiencias mágicas. ¡Elige un cuaderno bonito y déjate inspirar!

✦ ·✦ ALTAR ✦·✦

Los altares se utilizan en religiones de todo el mundo como centros de culto y devoción. Son lugares especialmente designados para realizar rituales religiosos.

En la magia·k, tu altar puede ser un espacio de trabajo para lanzar hechizos y manifestar deseos y, desde el punto de vista práctico, sirve para guardar tus herramientas rituales.

Se puede situar en cualquier espacio; puede ser una chimenea, una mesa, una estantería o una cómoda. Cuando creas un altar, le estás diciendo al universo que *ahí* es dónde sucede la magia·k.

Puedes decorar tu altar con diferentes artefactos y símbolos, como tu varita, el pentagrama, cristales, estatuas de deidades, flores, velas o representaciones de los cuatro elementos (tierra, aire, fuego y agua). Incluso puedes cambiar la decoración de tu altar para reflejar los cambios de estación y sus deidades correspondientes.

¡Ah! Ten cuidado cuando vayas a encender las velas o el incienso y limpia tu altar de la energía negativa antes de comenzar cualquier ritual mágico; por ejemplo, purificándolo con salvia (véanse las páginas 24 y 25).

✦ VELAS ✦

¿A quién no le agrada la sensación de paz y calma que aporta una vela tanto al hogar como al espíritu? La llama de la vela representa la pureza espiritual y la infinidad del alma humana, y trabajar con ellas es una de las artes mágicas más antiguas y comunes.

Concentrarte en la llama te ayudará a canalizar tus intenciones y manifestar tus deseos. Además, puedes utilizar las velas para la meditación, la adivinación, los hechizos y los rituales, o en el *feng shui* para energizar la atmósfera de una habitación. ¡También hay velas que armonizan con tu signo astrológico!

Cuando elijas velas para una práctica mágica, tómate tu tiempo para seleccionar el color, el aroma y el tipo de vela más adecuada para potenciar tu trabajo.

Según de qué hechizo se trate, puedes elegir los siguientes colores:

- **Negro:** curación, eliminación de la negatividad.
- **Amarillo:** felicidad y éxito.
- **Azul**: protección y paz.
- **Naranja:** positividad y valentía
- **Verde:** suerte, curación y fertilidad.
- **Rojo:** romance, pasión y fuerza.
- **Blanco:** protección, verdad y paz.
- **Rosa:** amistad.

✦ CRISTALES ✦

Gracias a los dones especiales que aportan estas hermosas rocas naturales están adquiriendo una renovada popularidad. Desde los albores de la civilización han existido y han sido apreciadas por todas las culturas debido a sus propiedades curativas mágicas, por lo que las encontramos en rituales religiosos, como amuletos protectores o como adornos en las varitas mágicas. En la brujería moderna, los cristales se utilizan para la meditación, la adivinación y los hechizos.

Primero que nada, limpia tu cristal para eliminar las energías negativas. Puedes purificarlo con salvia quemada o exponerlo a la luz del sol o de la luna durante unas horas. A continuación, cárgale tu intención mágica: visualiza tu objetivo mientras lo sostienes en tus manos y sintonizas con su energía.

Estos son algunos cristales populares y sus especialidades asociadas:

- **Amatista:** ayuda a dormir plácidamente, calma y limpia el espacio.
- **Cuarzo transparente:** es un sanador magistral y aporta claridad.
- **Citrino:** «la piedra del comerciante», se asocia con una mayor prosperidad.
- **Cornalina:** despierta la motivación, la pasión y el coraje.
- **Cuarzo rosa:** promueve el amor incondicional.

¡Elige un cristal según tu intención y deja que la magia·k haga el resto!

✦ . ✦ HIERBAS ✦ •✦

Desde hace miles de años, las hierbas se han usado tanto para sazonar los alimentos como para lanzar hechizos, siendo apreciadas por sus propósitos medicinales y, también, por sus cualidades mágicas. Los antiguos herboristas eran personas de confianza que elaboraban pociones y aportaban sus conocimientos de herbología para aumentar la potencia de los hechizos y rituales. Se pueden quemar para limpiar objetos mágicos o la propia energía, y se cree que tenerlas en casa ofrece protección, disuelve la energía negativa y promueve el bienestar.

A continuación, se enumeran algunas hierbas comunes y sus usos:

- **Salvia:** elimina las energías negativas; se suele utilizar en la purificación con humo, un ritual de limpieza que consiste en quemar hierbas secas.
- **Incienso:** facilita éxito, riqueza y seguridad.
- **Hojas de laurel:** ayudan en la profecía y la adivinación.
- **Capullos de rosa de color rosa:** espárcelos sobre tu altar cuando lances hechizos de amor verdadero y de amistad.
- **Lavanda:** promueve la paz y un dulce sueño.
- **Sándalo:** limpia y bendice un espacio, crea santidad y armonía.

Al igual que con cualquier herramienta mágica, lo que cuenta es tu intención, por lo esta será más poderosa combinada con la hierba oportuna.

✦ ˙✦ CÁLIZ ✦˙✦

Un cáliz es simplemente una copa elegante y ornamentada, muchas personas están familiarizadas con ello por los rituales cristianos o católicos en los que se llena de vino como símbolo de la sangre de Cristo. De todos modos, era también un elemento típico de la época precristiana que todavía hoy utilizan muchos neopaganos y wiccanos para beber durante sus celebraciones.

Qué tipo de cáliz elegir depende de que tus gustos... quizá te encanten brillantes y con incrustaciones de joyas o quizá prefieras algo más sencillo. En el paganismo y el neopaganismo, a menudo se elige un cáliz de plata, pues representa la luz de la luna y a la diosa lunar.

El cáliz también simboliza la abundancia y la fertilidad del útero de la diosa. Como está alineado con el elemento agua, suele colocarse al oeste del altar.

Si se utiliza en una reunión de brujas, en la Wicca o como parte de un ritual pagano o neopagano, hacia el final de la ceremonia, el vino o el agua del cáliz se bendice y se pasa entre los miembros para simbolizar la unidad mientras se disfruta de la bendición divina.

✦ ATHAME ✦

Así como el cáliz está vinculado a la energía femenina, el athame, un cuchillo ceremonial, representa la dinámica masculina.

Los thelemitas, los wiccanos y los miembros de la Orden Hermética de la Aurora Dorada (una sociedad secreta ocultista popular a finales del siglo XIX y principios del XX) suelen trabajar con ambos. Los wiccanos practican un ritual llamado el Gran Rito, que representa la unión del dios y la diosa. El athame se introduce en el cáliz mientras se invoca al dios y a la diosa, representando la unión de la energía masculina y la femenina.

El athame es una hoja de doble filo que se utiliza exclusivamente para dirigir la energía. Nunca se utiliza para cortar y no se mantiene afilado. Su función es trazar un círculo protector al comienzo de los rituales, expulsar las energías negativas o invocar a los elementos (véanse las páginas 33-36).

El athame no se menciona en los textos históricos europeos sobre brujería, pero se cree que el fundador de la Wicca, Gerald Gardner, durante su etapa como funcionario en Malasia, conoció un arma ritual llamada *kris*. Allí se entendía como un instrumento mágico, poseído por un *hantu* o espíritu. La introducción de una versión de este instrumento en la Wicca es una de las contribuciones más fundamentales de Gardner a la práctica mágica moderna.

✦⋆ SÍMBOLOS Y SIGNOS MÁGICOS ✦⋆

Desde el principio de los tiempos, los seres humanos han utilizado signos y símbolos protectores para ahuyentar males y desgracias. Se pueden emplear para lanzar hechizos o llevarlos como amuletos en una pulsera o un collar.

En las páginas siguientes exploraremos ocho poderosos símbolos mágicos, también conocidos como *sigilos*.

Triqueta (o triquetra)

El escudo celta, o triqueta, utilizado por paganos y cristianos celtas, es un círculo con un nudo de tres puntas. El nudo representa a la Triple Diosa de la Luna o la Santísima Trinidad, mientras que tanto el círculo como el nudo hacen referencia al infinito y a una protección inquebrantable.

Lanzas cruzadas

Derivadas de las tradiciones mágicas populares, las lanzas cruzadas también pueden ser un simple dibujo de hachas, espadas o martillos. Cuando veas a una persona que lo lleva, ¡no te cruces con ella! En la magia·k, este emblema bloquea las acciones o intenciones de un adversario.

Ojo de Horus

Este antiguo sigilo egipcio significa curación, conocimiento y protección contra el mal. Aludiendo al dios del cielo, Horus, también puede representar el «tercer ojo», en referencia a una mayor conciencia espiritual. El simbolismo de un ojo sigue utilizándose en muchas culturas —por ejemplo, el «mal de ojo» y el «ojo de la providencia»—, todas ellas derivadas del Ojo de Horus. En casi todas las culturas significa guía espiritual, bendición divina y protección.

Hamsa (o jamsa)

En Oriente Medio y África, el ojo de Hamsa es protector, mientras que la mano derecha abierta simboliza el poder y las bendiciones. Se exhibe como un amuleto contra la mala suerte y la pobreza. En la brujería moderna, la palma es protectora y los dedos simbolizan las cinco bendiciones de amor, riqueza, salud, sabiduría y poder.

Pentáculo (o pentagrama)

Tanto los wiccanos como los paganos utilizan la estrella de cinco puntas para simbolizar la fe y la protección. Los primeros ocultistas la consideraban un símbolo del ser humano, y el *Hombre de Vitruvio* de Leonardo da Vinci es un cuerpo humano dibujado como un pentagrama. Los paganos contemporáneos creen que el símbolo representa los cinco elementos (tierra, aire, fuego, agua y espíritu), mientras que el círculo que rodea la estrella muestra el infinito y el campo energético del cuerpo. Las brujas dibujan pentagramas en el aire para crear un espacio sagrado o ahuyentar a los malos espíritus.

Sello de Salomón

Compuesto por dos triángulos entrelazados —en lugar de los dos triángulos superpuestos de la estrella de David—, este sigilo lleva el nombre del rey bíblico Salomón, que llevaba un anillo con un sello que dejaba la marca de un hexagrama. Se decía que el hexagrama entrelazado representaba la autoridad de Dios y ofrecía protección contra el mal a quien lo llevaba.

Marte

Los astrólogos y alquimistas crearon originalmente este sigilo para simbolizar el planeta Marte. Lleva el nombre del dios romano de la guerra y, en la magia·k, equivale a conflicto, poder individual y virilidad. Trabaja con este poderoso sello para aportar energía guerrera a los hechizos o maldiciones y para repeler energías indeseables.

Cruz solar

Este sigilo prehistórico se remonta a los grabados de la Edad de Piedra. Simboliza la luz y el movimiento del Sol, así como la protección y los guardianes de las cuatro direcciones. Muchos símbolos religiosos posteriores, incluida la cruz cristiana, tienen su origen en esta sencilla imagen. Medita sobre la intersección de la cruz para sentirte centrado y tranquilo cuando estés ansioso, o para alejar la negatividad.

EL DIOS CON CUERNOS Y LA TRIPLE DIOSA

En la Wicca y el neopaganismo es importante el culto y la unión de lo divino masculino y femenino. El ciclo de las estaciones junto a los ciclos de muerte y renacimiento del dios y la diosa dan forma al año mágico.

El Dios Cornudo

Basado en las deidades precristianas Cernunnos, Pan, Herne, Dioniso, el Rey del Roble, el Hombre Verde y el Rey del Acebo, entre otros, las dos astas del Dios Cornudo muestran su naturaleza dual, representando tanto la luz como la oscuridad y la unión de lo divino y lo animal. Preside el reino del bosque y simboliza la virilidad y la caza.

La Triple Diosa

La Triple Diosa adopta tres formas: doncella, madre y anciana. Cada forma se alinea con una fase diferente del ciclo lunar. En la mitología precristiana, está relacionada con Hécate, Diana y la triada Artemisa-Selene-Hécate, entre otras.

✦.✦ LOS CUATRO ELEMENTOS ✦✦

Los magos veneran la naturaleza y se guían por ella. A menudo se adecuan a las estaciones y trabajan con los cuatro elementos, así como con el sol, la luna y otros componentes naturales, como hierbas y cristales, para reforzar sus hechizos. Se dice que dominar los elementos armoniza lo externo (el mundo natural) y lo interno (nuestra existencia íntima).

En el siglo V a. C., el filósofo griego Empédocles postuló la teoría de los cuatro elementos —aire, fuego, agua y tierra— como componentes esenciales de toda la materia existente. Desde entonces, se han considerado la base de la magia·k. A través de la Cábala y las prácticas de grimorios, esta teoría ha pasado a las tradiciones modernas de la magia·k ceremonial y el paganismo. Algunos magos también trabajan con seres elementales (espíritus de la naturaleza), como las sílfides (aire), las salamandras (fuego), las ondinas (agua) y los gnomos (tierra).

Cada elemento está asociado a una dirección cardinal —norte, sur, este u oeste— y tiene su propia energía y su símbolo, que representa las propiedades y los poderes del elemento, así como su aspecto físico.

Las asociaciones direccionales de las páginas siguientes corresponden al hemisferio norte. Para los lectores del hemisferio sur, la tierra se asocia con el sur, el aire con el oeste, el fuego con el norte y el agua con el este.

Tierra

La tierra representa el mundo material y corporal. Este elemento femenino, fértil, nutritivo y estable, está asociado con el poder de la diosa. La tierra resiste y despliega su fuerza. Está relacionada con el palo de oros (pentáculos) del tarot y se conecta con la dirección norte.

Aire

El aire gobierna el conocimiento, la acción y el cambio, y conecta con el alma y el aliento de la vida. Concéntrate en trabajar con el aire si tu magia·k tiene que ver con la comunicación, la sabiduría o los poderes mentales. Deja que el aire se lleve tus problemas o transmita pensamientos positivos a los demás.

El aire es el elemento masculino del este, relacionado con el palo de espadas del tarot.

Fuego

Esta energía masculina simboliza la pasión, la energía y la sexualidad, así como la purificación. Al igual que el fénix renace de las llamas, el fuego destruye y crea nueva vida. Su energía se asocia con el sur y, en el tarot, se relaciona con el palo de bastos

Agua

El elemento femenino del agua conecta con la energía de la diosa y simboliza emoción, intuición, curación y purificación. Asociado con la dirección oeste, en algunos aquelarres wiccanos se utiliza agua consagrada (agua bendecida o invocada durante una ceremonia) para santificar un círculo trazado. El palo correspondiente en el tarot es el de copas.

✦ · ✳ EL QUINTO ELEMENTO ✳ ·✦

Algunas prácticas neopaganas trabajan con un quinto elemento, el espíritu (también llamado éter o *akasha* en la filosofía hindú), para unificar a los demás elementos. El espíritu es el puente entre la dimensión física y la espiritual.

En griego homérico, éter significa «aire puro y fresco» o «cielo despejado», y Einstein pensaba que ocupaba el espacio entre todos los objetos. Si bien no pudo asignarle ninguna propiedad física —aunque algunos lo llaman *energía celestial*—, su idea alimentó las teorías de la relatividad, la teoría de las ondas y la materia oscura. En la mitología griega, el éter representaba el espacio puro donde vivían los dioses y la esencia pura que respiraban.

Los significados simbólicos del espíritu en la magia·k incluyen la transformación, los procesos alquímicos, la intervención divina, la energía en movimiento y la naturaleza eterna de la vida. El espíritu representa el centro de una brújula.

✦ LA LUNA ✦

A los magos siempre les ha fascinado la luna. Creen que transmite una energía especial que puede mejorar sus quehaceres; por esta razón, muchos lanzan sus conjuros según las fases lunares, pues cada etapa tiene su propia energía. La luna se considera una fuerza suave, femenina y receptiva. Compaginar tus intenciones con el ciclo lunar puede añadir potencia a tus hechizos.

Estos son algunos de los significados típicos asociados al ciclo lunar:

- **Luna nueva:** nuevos proyectos y cambios positivos.
- **Luna creciente:** cualquier área relacionada con el crecimiento, por ejemplo, la abundancia.
- **Luna llena:** el momento más poderoso para la magia-k, con la energía lunar en su máximo esplendor.
- **Luna menguante:** etapa para deshacerse de cosas que ya no sirven y limpiar las energías negativas.
- **Luna oscura:** introspección y reflexión.
- **Eclipse lunar:** periodo para saltar esos obstáculos que frenan tu crecimiento.
- **Eclipse solar:** renacimiento y renovación.

TRABAJAR CON
LAS DEIDADES LUNARES

En algunas tradiciones paganas y wiccanas, los magos también trabajan con una deidad, así como con una fase lunar, para obtener un poder adicional. El mes lunar está relacionado con el ciclo menstrual femenino, y la conexión de la luna con la intuición y las emociones también contribuye a su percepción como energía femenina. Es posible que desees invocar a una de las siguientes diosas lunares en tus prácticas:

- **Artemisa** (griega clásica)
- **Coyolxauhqui** (azteca)
- **Diana** (romana)
- **Chang'e** (china)
- **Ix Chel** (maya)
- **Mawu** o **Maou** (africana, Dahomey)
- **Selene** o **Luna** (griega)

Invocar a la luna

Bajo la luz de la luna llena y dentro de un círculo mágico, la suma sacerdotisa del aquelarre dirige este hermoso ritual wiccano (para más información sobre cómo trazar un círculo mágico, véase la página 96). Cuando esta invoca a la luna, acoge a la Diosa Lunar dentro de sí misma para que hable a través de ella. Es un ritual que puede celebrarse en soledad o en grupo.

TRADICIONES Y CELEBRACIONES

Neopaganos, wiccanos y brujas suelen celebrar ocho festividades a lo largo del año que siguen los ciclos de la naturaleza, formando la Rueda del Año, y cada *sabbat*, o festividad, marca un evento solar principal —solsticios y equinoccios— o los puntos medios estacionales.

El momento de cada celebración varía ligeramente, según la fase lunar y el hemisferio geográfico. A continuación, se describe la Rueda del Año para el hemisferio norte, pero algunos paganos del hemisferio sur ajustan estas fechas en seis meses para que coincidan con sus propias estaciones.

Yule, solsticio de invierno
19-23 de diciembre

Yule, también conocido como solsticio de invierno, marca la noche más larga —y el día más corto— del año y celebra el renacimiento del sol. Es una época de nuevos proyectos y transformación, ¡y el mejor momento para abandonar los malos hábitos! Esta festividad ya se celebraba en las islas británicas mucho antes de la llegada del cristianismo. Sin embargo, existen similitudes entre las tradiciones de Yule y las de Navidad, como el intercambio de regalos.

Imbolc
1 de febrero

Imbolc celebra la alegre llegada de la primavera, simbolizando esperanza y energía renovada, ¡una época para el crecimiento personal y la limpieza de la primavera! Esta celebración tradicionalmente asociada a Brígida, diosa de la curación, la herrería y la poesía, es el momento ideal para iniciarse en la brujería.

Ostara, equinoccio de primavera
19-23 de marzo

A diferencia de Imbolc, que celebra el comienzo de la primavera, Ostara la celebra en su pleno esplendor: es la época de sembrar las semillas y en la que árboles y plantas florecen; una festividad de renovación y abundancia; así, los huevos pintados simbolizan la nueva vida, reflejada en la tradición cristiana de la Pascua.

Beltane, o Primero de Mayo
30 de abril - 1 de mayo

Beltane marca el comienzo del verano, la fertilidad y el florecimiento de la naturaleza. Las flores de mayo, como la prímula, se utilizan como adornos en las casas y también en los animales. Para los wiccanos, este *sabbat* representa el amor y el romance, pues consideran que es el momento en que el dios y la diosa se cortejan.

Litha, solsticio de verano
19-23 de junio

Esos largos días de verano son el punto álgido del año solar, en el que los dioses y diosas paganos del sol disfrutan de su máximo esplendor. El monumento de Stonehenge, en el Reino Unido, es famoso en todo el mundo por atraer cada año a miles de druidas y otros grupos paganos y neopaganos para celebrar los solsticios de verano e invierno.

Lughnasadh, o Lammas
1-2 de agosto

Festividad que marca el inicio de la cosecha cuando comienza el declive de la luz solar. Algunos paganos creen que el dios celta del sol, Lugh, vierte su poder en el grano y, cuando este se cosecha y se hornea un pan con su figura, su ciclo de vida se completa. Los paganos celtas también fabrican muñecas de maíz.

Mabon, equinoccio de otoño
20-24 de septiembre

Es la segunda fiesta de la cosecha, cuando se recogen las frutas y las verduras. La diosa pasa de madre a anciana, y se le dan las gracias por haber dado una buena cosecha. También se conoce como Harvest Home, y para los druidas modernos como Alban Elued («luz del agua»).

Samhain, o Halloween
31 de octubre - 1 de noviembre

Aunque Gerald Gardner, fundador de la Wicca, se refería a este *sabbat* como Halloween, muchos paganos prefieren utilizar la palabra Samhain para distanciarse del actual enfoque comercial.

Samhain marca el regreso del invierno y el momento en que el velo que separa los dos mundos se hace más fino, momento ideal para comunicarse con los muertos, ¡y una de las noches más poderosas para hacer magia·k!

También conocida como la última cosecha, es un momento para honrar a los antepasados, pedirles consejo, darles las gracias y establecer intenciones, ya que la rueda vuelve a girar.

BREVE HISTORIA
DE LA MAGIA·K

¡La magia·k existe desde que existe la humanidad! Se ha practicado en todas las partes del mundo, adoptando diferentes formas y tradiciones a lo largo de la historia.

En las civilizaciones antiguas, mediante ritos religiosos o espirituales, formaba parte de la visión cultural de la vida, proporcionando ceremonias familiares y un marco a través del cual organizar sus vidas.

Durante el siglo XIX, el desarrollo de la magia escénica y el ilusionismo complicaron las cosas. Adivinos sin escrúpulos y falsos médiums dieron mala fama a las prácticas sobrenaturales. La antigua palabra *magia* comenzó a ramificarse y a adoptar un nuevo significado, y ahora la usamos para referirnos al entretenimiento y el ilusionismo.

Aunque el término *magia·k* es moderno, los conceptos que abarca son antiguos, relacionados con los rituales paganos, el chamanismo y la brujería. En este capítulo se analizará la historia de la magia·k en todo el mundo, desde sus orígenes en la antigüedad hasta las interpretaciones actuales.

LA MAGIA·K EN EL MUNDO ANTIGUO (3000 A. C. – 650 D. C.)

La palabra *magia*, la raíz original del término *magia·k*, proviene de los *mágói* (magos) griegos; este término era utilizado por la tribu meda de Persia y su religión zoroástrica.

A las gentes del mundo clásico les fascinaban las antiguas creencias de Oriente Medio, por lo que muchas de sus tradiciones mágicas se originaron allí. Les preocupaba especialmente protegerse de la brujería, y existen registros escritos de hechizos lanzados por brujos tanto de la antigua Mesopotamia (actual Irak) como de Egipto. Dirigían sus hechizos a los elementos, como el fuego, y a los recursos naturales de la tierra, como la sal y el grano, y, por supuesto, a los dioses.

En los papiros greco-egipcios que datan del siglo I al IV d. C. se describen recetas mágicas que utilizan ingredientes de origen animal y especifican los rituales que se han de seguir para garantizar el éxito del hechizo. Los textos antiguos también revelan que griegos, romanos, egipcios, babilonios, etruscos y asirios practicaban la nigromancia, despertar los espíritus de los muertos, para combatir el mal.

MAGIA·K Y DEIDADES
✦ EN EL ANTIGUO EGIPTO ✦
(3100-332 A. C.)

¡A los antiguos egipcios les encantaba la magia·k! Adoraban a más de dos mil deidades y utilizaban hechizos, rituales y textos antiguos para conectar con ellas. Aunque era una práctica profundamente curativa, la magia·k también se podía utilizar para causar daño y lanzar maldiciones.

Al igual que los magos de hoy en día, los egipcios creían que algunos objetos, como los amuletos o las varitas, podían impregnarse de la energía de la magia·k.

Estas son algunas de las deidades egipcias relacionadas con la magia·k:

- **Heka:** dios de la magia·k y la medicina, es la personificación de la magia·k. Los antiguos egipcios creían que una fuerza sobrenatural mágica, y por lo tanto Heka, creó el universo.
- **Shed:** dios protector que defendía a las personas de la magia negra, las enfermedades y los ataques de animales salvajes.
- **Isis:** una deidad excelente con la que trabajar al lanzar hechizos curativos; protegía contra las mordeduras de serpientes y escorpiones y acompañaba a los muertos al más allá.
- **Bes:** deidad protectora junto con su compañera Beset. Se decía que traían buena suerte al hogar y protegían a las madres y a los niños.

MAGIA·K

✦.✦ MAGIA·K HELENÍSTICA ✦˙✦

Trescientos años después de la muerte de Alejandro Magno (323 a.C.), Europa disfrutó del periodo helenístico, que duró desde la conquista romana de Grecia hasta el año 30 a.C., cuando los romanos conquistaron Egipto. El misterioso arte de la magia·k era una parte esencial de la vida grecorromana, desde tablillas de maldiciones hasta hechizos y oraciones malignas, hierbas y venenos, pociones de amor y amuletos protectores. La practicaban magos y magas, estando al alcance de todas las clases sociales.

Este fructífero periodo dejó una gran cantidad de textos y tradiciones mágicas escritas, que combinaban las principales creencias de la época y se inspiraban en las prácticas griegas, greco-egipcias, romanas y judías. Tal sistematización nos ha legado muchas tradiciones mágicas.

Diversos grupos judíos, cristianos y musulmanes siguen las doctrinas de las religiones helenísticas, al igual que su arte y su arquitectura, que continúan influyendo en la iconografía y la arquitectura judeocristianas. Los principales textos religiosos, como el Talmud judío y el Nuevo Testamento, son ejemplos del pensamiento helenístico, tanto en su forma como en su contenido.

LOS GRECORROMANOS Y LA MAGIA·K

En el mundo grecorromano, por cada acto mágico bueno existía una contramagia para protegerse de las acciones negativas. Los amuletos se utilizaban comúnmente para escudarse ante las maldiciones. Se creía que las piedras preciosas eran muy eficaces para ello, pero muchos amuletos también se realizaban con materiales orgánicos, como los escarabajos.

Existen sorprendentes descubrimientos relacionados con la magia·k de este periodo. En Pérgamo (la actual Turquía), que fue un estado griego durante la época helenística, se desenterró un kit de mago completo: una mesa y una base de bronce, un plato, un clavo, anillos y piedras negras pulidas; con sus respectivos símbolos grabados, con las letras y los nombres de distintos poderes sobrenaturales. En esa época, la magia·k estaba firmemente arraigada en todo el mundo, y es muy probable que las prácticas reveladas en los textos sean bastante más antiguas.

Demonios del siglo XII

Entre la caída del Imperio romano (siglo V d. C.) y el Renacimiento (siglos XIV al XVII), se extendió entre los cristianos medievales la creencia de que los milagros de las deidades precristianas habían sido, en realidad, obra de los demonios. Así, en el siglo XII, muchos pensaban que la magia·k implicaba una

intervención demoníaca, lo que provocó un frenesí de miedo e histeria. Las brujas acabaron viéndose envueltas en este fuego cruzado (véanse las páginas 54-55).

Sin embargo, en este siglo, las obras de los filósofos islámicos ganaron popularidad en Europa, mostrando una visión alternativa. Estos filósofos narraron el lado favorable de las prácticas mágicas relacionadas con la astrología o las constelaciones, para poder interpretar los poderes ocultos de los planetas y las estrellas. Algunas tradiciones de magia·k natural asimilaron estos conocimientos para aprovechar el poder invisible de la naturaleza en sus rituales.

CORPUS HERMETICUM

Una de las mayores influencias en la tradición esotérica occidental es el *Corpus hermeticum*, texto atribuido a la figura legendaria de Hermes Trismegisto, una combinación del dios griego Hermes y el dios egipcio Thoth, que explora temas astrológicos y ciencias ocultas.

Traducido al latín en 1460, durante los periodos del Renacimiento y la Reforma, el hermetismo se convirtió en una alternativa aceptable que se situaba a medio camino entre el cristianismo y el paganismo.

EL HERMETISMO Y EL RENACIMIENTO

Marsilio Ficino, traductor del *Corpus hermeticum*, formulaba que el libro contenía la antigua sabiduría que Dios confió a Adán en el jardín del Edén.

El Renacimiento europeo fue caldo de cultivo para el resurgimiento del hermetismo y de un renovado interés por la práctica mística judaica de la Cábala. Dos corrientes que se entrelazaron desde la creencia de que la Cábala revela las huellas ocultas de Dios en el universo.

Estas tradiciones influyeron en el filósofo y matemático inglés John Dee (1527-1608/1609), que trabajó con ángeles y asesoró a algunos de los monarcas más poderosos de Europa. Dee inspiró el personaje principal de la obra de Christopher Marlowe, *Doctor Fausto* (1604). Fausto experimenta con las artes oscuras y se condena a sí mismo para toda la eternidad.

El hermetismo describía una teoría universal que combinara todas las tradiciones espirituales: religión, filosofía y práctica mágica en un todo coherente. Ficino, Dee y otros defendían estas prácticas como actos totalmente naturales, pero aún tuvieron que luchar contra las continuas acusaciones de culto demoníaco.

De todos modos, tal fascinación por el pasado lejano durante el Renacimiento promovió un retorno al conocimiento y los ideales del periodo helenístico.

✦.✦ CÁBALA HERMÉTICA ✦˙✦

La Kabbalah con «k» se refiere a la tradición judía original; la Cábala cristiana comienza con «C», mientras que en la tradición hermética occidental se suele escribir Qabalah con «Q».

Esta tradición esotérica occidental, que mezcla el hermetismo y la Kabbalah judía, es la base de las sociedades mágicas que conocemos hoy en día, como la Orden Hermética de la Aurora Dorada, Thelema y la Hermandad de la Rosa Cruz. Es la predecesora de los movimientos neopaganos y wiccanos.

La Cábala hermética deriva sus influencias de la Kabbalah judía, las religiones egipcias, helenísticas y paganas antiguas, la astrología occidental, la alquimia, la magia·k angelical y del tarot, el tantra y el hermetismo. Se consideraba una magia·k natural y «buena», en contraposición a la magia·k «maligna» de la brujería o la hechicería.

Durante la era de la Ilustración, a partir de 1685 aproximadamente, el hermetismo dejó de ser reconocido por la Iglesia cristiana, por lo que se fundaron en secreto varias hermandades herméticas y esta Cábala floreció. Aunque la magia·k estaba mal vista en la Kabbalah, se convirtió en una característica principal de la Cábala y de la filosofía ocultista occidental.

El rosacrucismo y ciertas ramas esotéricas de la masonería también incorporaron la cábala y la magia·k divina, sentando las bases de las organizaciones esotéricas modernas.

✦ ✴ ALQUIMIA Y MAGIA·K ✴ ✦

La alquimia medieval —precursora de la química moderna— fue adoptada por el hermetismo. La alquimia fue una práctica esotérica que buscaba la transmutación de los metales en oro y el descubrimiento del elixir de la vida, y era consideraba como una ciencia oculta.

La alquimia y a la magia·k se practicaron durante miles de años en diversas culturas. Los signos astronómicos de los planetas sirvieron en su momento como símbolos alquímicos hasta que la persecución que sufrieron en la Edad Media obligó a los alquimistas a crear sus propios símbolos secretos.

A principios del siglo XVII, los rosacruces —una hermandad secreta que utilizaba el simbolismo alquímico— conectaron la alquimia con la magia·k, un legado que resuena en la actualidad. La obsesión de los alquimistas por fundir metales supuso el descubrimiento de nuevos elementos y compuestos químicos, y muchas de sus técnicas, como la destilación, siguen utilizándose en la química.

Algunos afirman que el antiguo uso de símbolos y rituales mágicos alquímicos ha dado lugar a conceptos modernos relacionados con el poder de la mente, como la manifestación y la visualización.

Magia·k del siglo XIX

El mago francés Eliphas Levi (1810-1875) asignó letras hebreas a las cartas del tarot, vinculando fundamentalmente el esoterismo judío con la magia·k occidental. Levi también inspiró la Orden Hermética de la Aurora Dorada, que desarrolló aún más la Cábala hermética, combinando los principios cabalísticos con las deidades griegas y egipcias de una manera cohesionada. Integró sistemas, como el de la magia enoquiana de John Dee, con algunos conceptos orientales —sobre todo, hinduistas y budistas—. La Orden Hermética de la Aurora Dorada sigue una estructura jerárquica de tipo masónico o rosacruz.

Aleister Crowley, el defensor más conocido de la magia·k hermética, comenzó como miembro de la Orden Hermética de la Aurora Dorada antes de formar su propia religión, Thelema (véanse las páginas 58-59).

El auge del neopaganismo

El neopaganismo comenzó a finales del siglo XVIII y principios del XIX y se popularizó en Europa occidental y en América del Norte durante la segunda mitad del siglo XX. Este término engloba múltiples religiones que intentan revivir las creencias politeístas precristianas europeas. Aunque actualmente hay una gran cantidad de grupos neopaganos mágicos, el Ásatrú es una religión neopagana bastante reciente que reconstruye antiguas creencias nórdicas, enfatizando el respeto por la naturaleza, reconocida oficialmente en Islandia.

✦·✦ MAGIA·K MODERNA ✦·✦

En nuestros días, entre brujas y chamanes, hay gran diversidad de grupos mágicos en todo el mundo.

Antes motivo de persecución y tragedia, ahora es especial ser una bruja moderna. Y las brujas, que no siempre fueron tan populares, quedan inmortalizadas en la televisión y en Hollywood.

En la Europa precristiana, la brujería era un estilo de vida. Curanderos, paganos y sabios manejaban el mundo natural y rendían culto a múltiples deidades. Sin embargo, el miedo y la histeria colectiva en la época medieval, exacerbados por la figura del diablo, llevaron a que las brujas fueran erróneamente relacionadas con prácticas maliciosas.

El *Malleus Maleficarum*, una guía para cazar y perseguir a las brujas escrita por el clérigo alemán Heinrich Kramer en 1486, perpetuó la idea de que las brujas estaban aliadas con Satanás. Las erróneas ideas de este libro alimentaron los juicios de brujas de Salem (1692-1693) y las cacerías de brujas europeas de los siglos XVI y XVII. Se estima que entre 40.000 y 80.000 personas fueron quemadas, ahogadas y ahorcadas.

Afortunadamente, la Ilustración de los siglos XVII y XVIII trajo consigo un pensamiento más racional.

Las «leyes de brujería» del Reino Unido fueron finalmente derogadas en 1951, lo que permitió el retorno y la evolución de numerosas tradiciones antiguas. En 1954, un funcionario británico, Gerald Gardner, considerado el padre de la brujería moderna, publicó *Brujería hoy*, donde detalló la Wicca. En los años sesenta y setenta, la Wicca se extendió a otros países de habla inglesa, inspirando movimientos feministas y ecologistas.

En Gran Bretaña se desarrollaron diferentes movimientos. Los gardnerianos se inspiran en Gerald Gardner, mientras que los alejandrinos son seguidores de Alex y Maxine Sanders, quienes ampliaron las ideas de Gardner. Las brujas de los setos suelen ser solitarias y no participan en los aquelarres, mientras que la brujería diánica es una rama feminista de la Wicca.

Como muchas tradiciones mágicas, estos grupos son variables y difíciles de definir. Algunas brujas pueden llamarse a sí mismas paganas o druidas, en lugar de identificarse como wiccanas. Otras pueden adoptar una práctica totalmente personal, sin querer identificarse con ninguna en concreto.

La brujería secular, en la que las brujas no tienen ningún interés espiritual en particular, también está floreciendo. Millones de personas en todo el mundo son hoy en día brujas practicantes, y el núcleo de la brujería moderna está en el empoderamiento personal.

✦ WICCA ✦

La Wicca es el grupo que cuenta con más seguidores entre paganos o neopaganos, y se practica principalmente en Occidente. La mayoría de los wiccanos se identifican como brujos que se inspiran en las religiones precristianas de Europa, el norte de África y Asia occidental, aparte de en otras religiones politeístas, como el hinduismo.

Los grupos wiccanos se conocen como *covens* o aquelarres, término que también se utiliza en la brujería. Los *covens* suelen estar dirigidos por un sumo sacerdote y una suma sacerdotisa, son grupos de entre tres y trece miembros, considerándose trece el número ideal.

Para unirte a un aquelarre, debes pasar por un ritual de iniciación. La mayoría de los aquelarres son reservados en cuanto a sus ritos de iniciación, pero solo se admite a un miembro después de que haya pasado por un periodo de estudio y tutoría con un miembro experimentado y tras haber demostrado su compromiso con el voto de secreto, las creencias y las prácticas del aquelarre. Los wiccanos rechazan las maldiciones, ya que las consideran poco éticas. Normalmente, aceptan tanto a mujeres como a hombres, aunque hoy en día muchos wiccanos practican su religión de forma solitaria.

El símbolo principal de la Wicca es el pentagrama o la estrella de cinco puntas.

Creencias y prácticas wiccanas

La Wicca no tiene un líder ni una jerarquía central, lo que le permite ser un movimiento flexible que acepta gran diversidad de creencias y prácticas.

Gardner adoraba a una Diosa madre y a un Dios astado, como deidades iguales y complementarias que representaban lo masculino y lo femenino creadas por una divinidad incognoscible. Algunos grupos wiccanos posteriores han tenido ideas diferentes, rindiendo culto únicamente a la diosa o abrazando a deidades de otras mitologías.

Los wiccanos difieren en si las deidades existen literalmente o son simbólicas, pero adoran sistemáticamente a deidades de la Europa precristiana. Muchos creen en una vida después de la muerte llamada Summerland.

CAZAVAMPIROS WICCANOS

En Estados Unidos, la creciente popularidad de la Wicca impulsó la producción de una serie de películas y programas de televisión sobre esta temática, lo que provocó una subcultura adolescente wiccana durante las décadas de 1990 y 2000, y las redes sociales se encargaron de aumentar su interés en la década de 2010. Algunos practicantes sintieron que su religión había sido trivializada y, desde principios de los noventa, muchos se rebautizaron como brujos «tradicionales».

✦ .✴ THELEMA ✴ ˙✦

Thelema es una interpretación moderna de la magia·k ideada por el ocultista Aleister Crowley, que en 1904 escribió *El libro de la ley*, un poema en prosa que constituye la principal escritura sagrada de los thelemitas. Crowley afirmaba que el libro le había sido dictado por un ángel de la guarda, Aiwass, y que los creyentes son libres de interpretarlo como deseen. En ese texto, Crowley expone los fundamentos de Thelema:

«Haz tu voluntad será la única ley».
Esto anima a los seguidores a vivir según su propia «verdadera voluntad».

«El amor es la ley. La ley bajo la voluntad».
Esto describe la creencia de que todos estamos unidos con nuestra verdadera voluntad guiada por el amor.

«Cada hombre y cada mujer son una estrella».
Esta afirmación sugiere que todos tenemos talentos y potenciales únicos, y que todos deberíamos ser libres para buscar nuestro verdadero yo.

La «gran obra» para los thelemitas es esforzarse por alcanzar estados superiores de existencia. Esto se puede lograr uniéndose a poderes superiores y abrazando la verdadera voluntad y el último propósito de la vida.

Deidades thelémicas

Las tres deidades principales de Thelema pueden interpretarse como seres literales o arquetipos. Nuit, Hadit y Ra-Hoor-Khuit tienen su origen en las divinidades egipcias Isis, Osiris y Horus.

CELEBRACIONES

- Año Nuevo thelémico: fiesta del «ritual supremo» (20 de marzo).
- Fiesta de tres días de la escritura del *Libro de la ley* (8-10 de abril).
- Equinoccios y solsticios: rituales de los elementos y fiestas de las estaciones.
- Squinoccio de primavera: fiesta del equinoccio de los dioses (19-23 de marzo), en la que también se celebra la fundación de Thelema.

Los thelemitas también celebran hitos importantes:

- Fiesta de la vida: el nacimiento de un bebé.
- Fiesta del fuego o fiesta del agua: la mayoría de edad de un niño o una niña.
- Gran fiesta de la muerte: evento conmemorativo cuando alguien ha fallecido.

✦ EL MOVIMIENTO DE LA DIOSA ✦

¿Alguna vez te has preguntado por qué las figuras emblemáticas de las religiones abrahámicas —como el cristianismo, el judaísmo y el islam— son masculinas? El movimiento neopagano de la Diosa ganó popularidad en el mundo occidental durante la década de los setenta como una vía espiritual para restablecer el equilibrio.

Cientos de diosas que se veneran hoy en día eran conocidas hace unos 5.000 años, antes de que la religión se volviera patriarcal. Este movimiento celebra la energía femenina divina y honra a la mujer durante todo su ciclo vital, no solo como doncella, amante y madre, sino también como anciana o bruja. Se trata de un antídoto bienvenido contra la cultura occidental, que descarta a las ancianas por considerarlas ya inútiles.

A algunas mujeres —y a hombres que buscan conectar con su energía femenina— el culto a las diosas les empodera. Se trata de creencias y prácticas que varían mucho, pues hay quienes creen que las diosas existen de forma independiente —o que son una sola diosa con muchas caras—, mientras que otras personas se sienten atraídas por la conexión del movimiento con la naturaleza, detectando la energía de las diosas en toda la creación, desde las estrellas hasta los árboles y los océanos.

✦.✦ CHAMANISMO ✦•✦

Los chamanes —a veces llamados curanderos, videntes o brujos— median con el alma y el mundo de los espíritus. Aunque a menudo se les asocia con sociedades indígenas y tribales, y sus prácticas varían según la cultura, el chamanismo tiene sus raíces en las primeras civilizaciones del extremo norte de Europa y Siberia. A los chamanes se les venera y teme por igual, y algunos estudiosos sostienen que numerosos ritos mágicos que se realizan en distintas sociedades derivan de prácticas chamánicas.

Los chamanes interactúan con espíritus de la naturaleza (rocas, árboles y tierra), de animales, de humanos y sus antepasados, para obtener conocimiento, sanar a los enfermos y guiar a las almas de los muertos al más allá. Los chamanes pueden curar eliminando la energía mal canalizada (extracción chamánica) o devolviendo la parte del alma que se ha perdido a causa de un trauma (recuperación del alma).

Como parte de su práctica, muchos chamanes, estimulados por el ritmo de tambores o cantos, entran en un «estado de trance» para realizar un «viaje», en el que su alma abandona su cuerpo para vagar por otros reinos espirituales.

✦ VUDÚ ✦

Esta religión monoteísta procedente de África, conocida como vudú en el mundo occidental, se asocia a menudo con la magia·k negra. La tergiversación hollywoodiense y las múltiples distorsiones históricas dadas de esta religión han llevado, erróneamente, a relacionar el vudú con la tortura, el culto al diablo e incluso el canibalismo.

De hecho, los esclavos africanos, al tener prohibido practicar sus creencias, en busca de una identidad espiritual común trajeron consigo sus tradiciones y prácticas religiosas, fusionaron a su dios con los santos católicos para que se les aceptara, lo que dio lugar a una mezcla de catolicismo y espiritualidad occidental y centroafricana. Con el tiempo se fue formando un conjunto único de rituales; entre otros, el uso de muñecos y dibujos simbólicos específicos.

Trabajando con fuerzas naturales y sobrenaturales, el vudú es una de las pocas religiones africanas que han perdurado, basada en comunicarse con los espíritus ancestrales y los santos patronos. Todavía se practica hoy en día en Benín, Togo, Haití, Nigeria, Ghana, Nueva Orleans y otros lugares del Caribe.

Rituales y prácticas del vudú

Aunque en el vudú no exista una estandarización y sus prácticas varíen mucho, algunas de las más comunes son:

- **Posesión espiritual:** un elemento importante, pero a menudo malinterpretado, del culto vudú es que se suele pedir a los *lwa* o *loa* —los grandes espíritus comunitarios— que posean a un creyente durante un ritual, para así poder hablar con ellos y recibir respuestas a cualquier pregunta urgente.

- **Sacrificio de animales:** sus rituales pueden implicar la ofrenda de animales, no solo para proporcionar alimento a los participantes, sino también para ofrecer alimento espiritual a los *lwa*, a los que también se les regala otros artículos como muestra de gratitud por su apoyo.

- **Veves:** son símbolos dibujados con harina de maíz u otro tipo de polvo fino. Cada *lwa* tiene su propio veve, aunque algunos se vinculan a varios símbolos.

- **Muñecos vudú:** son muñecos que los vuduistas dedican a un *lwa* en particular para ganarse su favor. La creencia popular de que el vudú consiste enclavar alfileres en muñecos es poco realista.

✦ ·✴ GATOS MÁGICOS ✴·✴

El gato se ha asociado con la magia·k desde la antigüedad. Se dice que estas criaturas místicas pueden acceder al reino espiritual más fácilmente que cualquier otro animal. De hecho, los antiguos egipcios los consideraban tan sagrados que matar a uno podía ser castigado con la pena de muerte.

Estos felinos peludos se asociaban con las diosas egipcias Bastet y Sekhmet, y se dice que la diosa nórdica Freyja conducía un carro tirado por un par de gatos negros.

En la Edad Media, debido a la antigua devoción pagana hacia los gatos, se relacionaron con las brujas, creyendo que estas podían adoptar la forma de un felino o habitar en su cuerpo para realizar magia·k. Además, como los gatos son criaturas nocturnas por naturaleza, también se les asociaba con la luna.

En la brujería moderna, el gato es considerado como una mascota mágica o ayudante, que trae buena suerte a la familia y protege a su dueño por la noche mientras viaja por los reinos espirituales en sus sueños. Los gatos también se utilizan para la adivinación (véase la página 101). Muchos practicantes de magia·k han relatado que los gatos aparecen cuando están a punto de realizar sus rituales. Muchas tradiciones neopaganas dicen que los gatos se sienten cómodos en áreas designadas para la magia·k, como círculos, rejillas o altares.

En Japón, el *maneki-neko,* «gato que invita» o «gato de la suerte», se utiliza en los diseños de *feng shui.* Casi todos estamos familiarizados con este gato bellamente decorado que saluda, pues es frecuente verlo en tiendas y hogares occidentales. Se dice que el *maneki-neko* invita a la buena suerte a entrar en tu hogar. Levanta la pata como señal de bienvenida, y también para atraer la fortuna y la prosperidad, mientras que la pata que reposa ayuda al propietario de la casa a conservarla.

- Durante el Renacimiento en el Reino Unido (aproximadamente entre 1485 y 1603 d. C.), los invitados se aseguraban de que su visita iba a ser agradable rindiendo homenaje al gato de la familia y besándolo al llegar.

- En la Italia rural, existe la creencia de que la fortuna te sonríe si oyes estornudar a un gato.

✦ DRUIDISMO Y NEODRUIDISMO ✦

El druidismo es un movimiento espiritual o religioso que venera la naturaleza y las relaciones honorables con los demás. Originalmente, un druida era un miembro de la clase sacerdotal de alto rango en las antiguas culturas celtas de la Edad del Hierro. Su nombre proviene del término «conocedor del roble» y se mencionan por primera vez en la década de 40-50 a. C., cuando Julio César escribió sobre el sacerdocio celta. Sin embargo, el druidismo decayó con el auge del cristianismo y, aunque los druidas sabían leer y escribir, se les prohibió escribir sus himnos y sus prácticas.

La Encuesta Mundial sobre el Druidismo de 2018-2020 proporcionó el primer estudio global sobre el druidismo moderno (neodruidismo), y reveló que está activo en 34 países. El neodruidismo se describe como «un movimiento espiritual contemporáneo que valora la naturaleza». Los neodruidas celebran festivales estacionales, practicando rituales en armonía con la naturaleza, la escucha sagrada y la reciprocidad para permitir a los druidas cultivar relaciones honorables tanto con seres humanos como con seres de otras esferas.

La organización neodruídica más conocida es la Orden de Bardos, Ovates y Druidas, fundada en el Reino Unido en la década de los sesenta, con más de 20.000 miembros en todo el mundo. ¡Descubre a tu druida interior practicando formas celtas de adivinación y otros rituales!

LOS TIPOS
DE MAGIA·K

En 1533 un joven noble alemán, Heinrich Cornelius Agrippa von Nettesheim, definió tres tipos de magia·k en su conocido libro *De Occulta Philosophia libri tres*. En general, clasificó la magia·k en tres tipos: ceremonial, celestial o natural.

- La **ceremonial** implica formas de tradición divina, como los rituales, y se lleva a cabo en presencia de una figura representativa adecuada, como un sacerdote, una sacerdotisa o un chamán.

- La **celestial** utiliza las influencias de astros, números y letras, buscando armonizar la vida humana con las esferas planetarias, como la astrología.

- La **natural** se practica trabajando con los recursos de la naturaleza, como hierbas, cristales y velas.

Hoy en día, con la expansión de la brujería y el aumento de practicantes, hay más categorías que nunca. Este capítulo sintetiza los siguientes tipos de magia·k: la blanca, la negra, la fitoterapia, la adivinación y la clarividencia, así como antiguas subcategorías, como la magia·k «alta» y la «baja», y subcategorías emergentes, como la magia·k artística. Los límites entre los diferentes tipos suelen ser difusos, pero lo que todos tienen en común es la sensación de poder sobrenatural que fluye a través de quien la realiza.

✦ SUBCATEGORÍAS DE LA MAGIA·K ✦

Cada tipo de magia·k tiene sus propias reglas, sus rituales y sus prácticas, definidos por la tradición y la cultura. Sin embargo, a menudo se solapan. ¡Puedes decidir probar algunos de estos métodos para ver cuál te atrae más!

Magia·k elevada (ceremonial, erudita o ritualizada)

Algunos distinguen entre la magia·k «alta», procedente de la élite intelectual, y la «baja», derivada de las prácticas populares.

La alta es ritualizada, formal, elaborada y exacta, y sus practicantes trabajan con formas rituales basados en la ciencia, como la astrología, la numerología y los símbolos. Están interesados en buscar la iluminación y el crecimiento espiritual.

Magia·k baja (también llamada «magia·k de la tierra» o «popular»)

Se nutre de la espontaneidad, la creatividad y el instinto, y a menudo entra en la categoría de brujería. Muchas prácticas de magia·k popular se transmitieron de boca en boca en las familias desde la antigüedad. Suele incluir prácticas naturales (pócimas hechas con hierbas, espíritus animales, energías de la Tierra), amuletos, símbolos como signos hexagonales para alejar el mal o recitar cánticos curativos sobre una herida.

Magia·k adivinatoria

Muchas personas disfrutan de las diversas herramientas de adivinación, como las cartas del tarot, los péndulos, la cristalomancia
o el I Ching, y aquí puede intervenir cualquier tipo de magia·k.
Estas herramientas pueden ser útiles para comprender dónde te
encuentras ahora y hacia dónde te puede llevar tu camino en la
vida, lo que te permitirá cambiar de rumbo o sentirte seguro de
que vas en la dirección correcta.

Magia·k simpática

Se necesita un objeto —como una muñeca o un «muñeco»— para
focalizar tu intención. El objeto y la persona en la que te centras
se vinculan, y ambos transmiten la misma energía, de modo que,
si le ocurre algo al objeto, también le sucederá a la persona. La
mayoría de la gente reconoce el muñeco vudú como un ejemplo
de magia·k simpática y, aunque tiene mala fama debido a las películas y la ficción, a menudo se utiliza para hacer el bien, para
otorgar salud o amor a otra persona.

Si no quieres vincular tu osito de peluche, puedes utilizar una
foto de alguien o un objeto suyo, como un mechón de pelo.

Magia·k talismánica

Se trata de la antigua práctica de crear y llevar un objeto (talismán) que ha sido «encantado» para obtener un beneficio específico, como proteger a quien lo lleva o repeler las energías negativas. El mal de ojo es un ejemplo de ello. Vincula tu talismán con el resultado deseado; por ejemplo, puedes utilizar un collar con un corazón para atraer el amor.

Magia·k elemental

Incorpora los cuatro elementos principales: tierra, aire, fuego y agua —para los wiccanos, también el quinto elemento, el espíritu— en tus rituales y hechizos. Se pueden usar objetos que simbolicen estos elementos —como una vela encendida para el fuego— o tenerlos en cuenta en otras prácticas mágicas, como la adivinación. Por ejemplo, las cartas del tarot o los cristales están asociados a un elemento específico.

Magia·k de petición

A partir de oraciones y decretos se solicita a las fuerzas superiores que te ayuden a conseguir un deseo. Puedes seguir un ritual, distintas prácticas esotéricas o ser espontáneo en tus peticiones.

Magia·k del caos

Es una forma emergente de magia·k, que implica imponer el cambio de la realidad subjetiva y objetiva a través de la fuerza de voluntad. Los magos entran en gnosis, un estado meditativo, para alterar la conciencia con el fin de cambiar la energía del mundo que les rodea y manifestar los resultados en la realidad.

Magia·k cósmica y planetaria

Practicada por astrólogos y brujas lunares, la magia·k planetaria es desconocida y vasta, ¡como el propio universo! Un mago cósmico puede actuar mientras los planetas se encuentran en una alineación particular para mejorar los rituales o trabajar con la energía de las entidades cósmicas.

Magia·k artística

De un modo imaginativo, puedes mezclar tu creatividad con la expresión de tus intenciones y deseos. Tu obra de arte puede ser ritualista, con un resultado curativo o también puede manifestar un deseo.

Existen muchos más tipos de magia·k, entre otros: la verde y vegetal, la lunar, la de las velas y la de los sigilos.

✦ ⁎ MAGIA·K NEGRA ⁎✦

La magia·k negra tiene la reputación de ser utilizada con fines maliciosos y, a menudo, se dice que se practica conectando con el diablo o invocando a distintos espíritus malignos.

PARA QUÉ SE UTILIZA
LA MAGIA·K NEGRA

- Para lanzar un hechizo de amor sobre otra persona y atraerla hacia ti.

- Para lanzar un hechizo vinculante y evitar que alguien te haga daño.

- Para invocar espíritus o comunicarse con los muertos.

Se lleva a cabo mediante:

- Mediante rituales, como hechizos, cánticos, etc. A menudo se utiliza un «círculo de poder» (pentáculo), junto a otras herramientas mágicas y «palabras de poder» relacionadas con el resultado deseado, que se repiten tres veces.

- Lanzando una maldición o un hechizo sobre alguien para controlarlo o traerle mala suerte.

MAGIA·K NEGRA Y RELIGIÓN

La magia·k negra siempre ha estado entrelazada con la religión y los rituales sagrados. *Magic and Alchemy,* de Robert M. Place (2009), remonta tanto la magia·k negra como la blanca al culto primitivo y ritualista de los espíritus.

Place equipara la posesión chamánica con la magia·k blanca, mientras que el tipo de tradiciones que se desarrollaron hasta convertirse en la magia·k negra moderna implicaban trabajar con los mismos espíritus, pero manipulados por el practicante para su propio beneficio.

Muchos wiccanos, brujos y magos modernos se esfuerzan por distanciarse de tal concepto. El auge del espiritismo de autoayuda y las creencias de la nueva era se basan en prácticas espirituales benévolas y en las creencias del amor y la bondad.

Magia·k negra e hinduismo

El dios Shiva —también conocido como «el Destructor»— está vinculado a la magia·k negra del hinduismo antiguo. Se dice que trabajar con este dios proporciona poderes más oscuros, como dominar al enemigo. Son prácticas que se pueden utilizar para derrotar a otra persona, ahuyentándola o causándole problemas, o para bloquear el flujo de energía de un oponente.

NIGROMANCIA
(O «MAGIA·K DE LA MUERTE»)

Derivada de los términos griegos *nekros* (cadáver) y *manteia* (adivinación), la nigromancia se considera una forma de magia·k negra o de brujería. Consiste en invocar a los espíritus de los muertos para obtener información divina. Los nigromantes pueden buscar respuestas a secretos, como dónde puede haber guardado dinero un difunto o para saber quién ha sido el asesino. Se puede usar con fines positivos, como transmitir el perdón de un antepasado a un pariente vivo.

Este popular pasatiempo entre asirios, babilonios, egipcios, griegos y romanos, no fue visto con buenos ojos por la Iglesia de la Europa medieval, que lo condenó y lo asoció con la magia·k negra.

Los antiguos magos actuaban dentro de un círculo consagrado en un cementerio para alejar la ira de los muertos mientras efectuaban sus prácticas nigrománticas. Bajo la creencia de que el espíritu de alguien que ha muerto prematuramente o de forma violenta aún tiene vitalidad, algunas partes del cuerpo de los cadáveres se utilizaban como ingredientes o amuletos en algunos rituales de brujería.

✦ MAGIA·K NEGRA CHINA ✦

Conocida como *gu* (que significa veneno) o *jincan* (que significa gusano de seda dorado), esta práctica arraigada en el folclore chino, principalmente del sur, que se empleaba en la antigüedad para dañar a otros a partir de sustancias tóxicas, se rumorea que aún existe hoy en día.

Se suponía con la magia·k *gu* se causaban enfermedades, daños e incluso la muerte, se controlaba la voluntad de alguien, se le confundía y seducía, provocándole un apetito sexual demoníaco.

La poción venenosa se obtenía de animales, como serpientes y escorpiones, que encerrados en un recipiente se devoraban entre sí. Creían que, si a estos animales llamados «gusanos de seda dorados» se les hacían los sacrificios adecuados, producirían oro.

El superviviente de este enfrentamiento mortal habría acumulado todas las sustancias tóxicas de los demás, y su veneno podía administrarse discretamente a un enemigo.

Además, usaban con fines maliciosos un insecto granívoro llamado *wug*, que se liberaba en el campo del adversario para destruir los cultivos o los alimentos almacenados. ¡Al parecer, también lo utilizaban las mujeres para atraer a una pareja!

✦.✦ EL MAL DE OJO ✦•✦

¿Alguna vez alguien te ha «echado el mal de ojo»? O tal vez tú mismo has echado el *mal de ojo* a alguien. Esta antigua superstición sigue siendo común en el Mediterráneo y el Egeo, así como en América Latina. En las culturas árabes se conoce como *ayin harsha*, mientras que en Italia alguien podría echarte el *malocchio* si estuviera enfadado contigo.

Se dice que alguien *que te mira así* te causa daño con solo mirarte; quien te lo eche quizá te tenga envidia o esté molesto contigo. Según la tradición, puedes echarle el mal de ojo a alguien sin querer, pero quienes lo hacen intencionadamente utilizan prácticas de brujería, hechicería o magia·k negra.

En muchas culturas, se llevan amuletos y talismanes protectores alrededor del cuello para alejar el mal de ojo, y se realizan ciertas prácticas mágicas, como oraciones o hechizos protectores.

✦ MAGIA·K BLANCA ✦

A diferencia de la magia·k negra, la blanca se utiliza para curar y proteger, entre otros fines, como el de alcanzar estados superiores de conciencia, trabajando en colaboración con los «fenómenos naturales» y siempre con buenas intenciones. A sus practicantes se les conoce como sanadores, sabios, brujos o brujas blancas. Algunos creen que tienen poderes mágicos debido a habilidades hereditarias o por haber experimentado algún acontecimiento sobrenatural que despertó sus talentos.

Al igual que con toda la magia·k, sus prácticas varían significativamente entre las distintas creencias —como la brujería— y según cada practicante, pero se realiza a través de la curación, las bendiciones, los encantamientos, las oraciones, los amuletos, las acciones y las intenciones.

Según Robert M. Place, la magia·k blanca moderna se basa en la chamánica prehistórica. Su propósito es curar enfermedades y favorecer el bienestar, interpretar los sueños y el futuro, generar buena suerte, localizar objetos perdidos, apaciguar a los espíritus o a los antepasados, o pedir buen tiempo para tener una cosecha abundante.

Gareth Knight, en su libro *A History of White Magic* (1978), también sugiere que la magia·k blanca se remonta a las primeras religiones, incluidas las tradiciones del antiguo Egipto y, más tarde, el judaísmo y el cristianismo primitivo. Considera que la creación de símbolos, combinada con las ideas de estas primeras religiones que practicaban la magia «natural», junto con el pensamiento filosófico posterior, culminó en la comprensión occidental de tal práctica.

Knight pone como ejemplo el símbolo de la estrella, que se ha utilizado reiteradamente a lo largo de la historia, desde el judaísmo y el cristianismo primitivo en forma de estrella de David hasta la costumbre masónica y el neopaganismo. Los grupos neopaganos, junto con otros practicantes de la magia·k blanca, trabajan actualmente con la forma de la estrella en forma de pentagrama.

La magia·k blanca va asociada a conceptos femeninos como el culto a las diosas y a los espíritus de la naturaleza. En los cuentos de hadas modernos, la idea de la brujería blanca a menudo la transmite una presencia femenina bondadosa, como una abuela u otro espíritu maternal.

Por otro lado, el culto a la Madre Tierra y la unión con la naturaleza están fuertemente vinculados a las prácticas de la magia·k blanca.

✦ ·✶ ADIVINACIÓN ✦·✦

El Oxford English Dictionary define la *adivinación* como «la práctica de buscar conocimiento sobre el futuro o lo desconocido por medios sobrenaturales». La propia palabra alude a la comunión con lo divino.

En el mundo antiguo, la palabra de los dioses se adivinaba de muchas maneras. Los romanos interpretaban el comportamiento de las aves (*augurio*), mientras que los etruscos leían las entrañas de los animales sacrificados (*haruspicina*). La adivinación desempeñaba un papel relevante en las decisiones políticas y en el momento adecuado para actuar; por ejemplo, para librar una guerra con éxito.

Actualmente, para la adivinación recurrimos sobre todo a tradiciones como la astrología, el tarot, la radiestesia e incluso la güija. Gracias a la popularidad de los horóscopos, la astrología, en sus múltiples formas, se ha convertido en la modalidad más común de adivinación.

Aunque la práctica de la adivinación es tan antigua que resulta difícil rastrear sus orígenes, en el siglo I a.C., el político romano Cicerón escribió un tratado titulado *De Divinatione* (*Sobre la adivinación*), en el que establece una distinción entre la forma inductiva, la interpretativa y la intuitiva.

Adivinación inductiva

Se refiere a la lectura de signos en fenómenos mayoritariamente no humanos, como leyendo la naturaleza —por ejemplo, bandadas de pájaros— o el clima —por ejemplo, los rayos—, signos genuinos de lo divino, pero también se incluyen signos como la lectura de las flechas caídas disparadas con un arco.

En la antigua Mesopotamia se practicaba la haruspicia, una práctica adivinatoria inductiva que consistía en leer los hígados y otras vísceras de animales. Hoy en día, afortunadamente, ¡preferimos leer las palmas de las manos!

La adivinación inductiva a veces se solapa con la interpretativa (véase la página 82), ya que algunos sistemas «naturales» son interpretados por un adivino profesional.

Por ejemplo, la antigua práctica china de adivinar leyendo las marcas del caparazón de una tortuga se utilizaba durante la dinastía Shang (aproximadamente entre 1600 y 1046 a. C.). Un adivino tallaba o pintaba símbolos en el caparazón de una tortuga o en el omóplato de un buey antes de quemarlos hasta que el caparazón o el hueso se agrietaban, e interpretaban la dirección de la grieta en relación con sus símbolos. La adivinación con huesos oraculares dio origen a la primera escritura china que en la actualidad se puede descifrar.

Adivinación interpretativa

En la adivinación interpretativa, las experiencias sobrenaturales se combinan con la acción humana. Quizás encuentres la respuesta a lo que te preocupa abriendo un libro por una página al azar, donde el contenido parece «hablar» de tu situación. O enciendes la radio y escuchas una canción que asocias con una persona en particular.

Este tipo de adivinación conlleva principalmente la lectura de presagios, augurios u otros fenómenos, y puede solaparse con el tercer tipo de adivinación: la intuitiva.

Puede ser dramática, como en la adivinación por fuego (piromancia), o más suave, como la adivinación por agua (hidromancia). En algunas sociedades transaharianas, el adivino puede celebrar una sesión de espiritismo alrededor del fuego para identificar al culpable de una fechoría. Se dice que el fuego «explotará» repentinamente sobre el acusado, lo que obviamente difiere mucho de los ideales occidentales de un juicio justo. En otros lugares, la piromancia se lleva a cabo arrojando objetos a las llamas e interpretando los signos en la reacción del fuego.

La hidromancia puede ir desde la lectura de los reflejos en un charco poco profundo hasta el análisis de los movimientos de objetos flotantes, como hojas de té.

✦ ⋅✦ ADIVINACIÓN INTUITIVA ✦⋅✦

La forma más emocionante de adivinación: ¡aquí es donde los médiums y otros «artistas espirituales» entran en acción! Los fenómenos sobrenaturales se combinan con la intuición humana y su capacidad de interpretación.

Algunos creen que para ello es necesario tener una habilidad especial o una capacidad natural para conectar con los espíritus y poder recibir el conocimiento oculto, en lugar de atribuir a los dioses la responsabilidad de impartirlo.

Esta adivinación puede ejecutarse en privado ante un individuo a través de espíritus, visiones o sueños, pero un ejemplo típico de adivino intuitivo es el chamán, que entra en trance para conectar con otros reinos y sonsacar información. Puede llegar a ese estado de forma automática o ingiriendo una droga alucinógena, como la ayahuasca. También puede utilizar técnicas autocinéticas que eleven la frecuencia energética para tal viaje, con ritmos de tambores y sonajeros o agitando las manos, como hacen los navajos.

Durante el trance sienten una posesión espiritual y hablan por ese espíritu. Muchas tradiciones religiosas de todo el mundo, incluido el cristianismo, practican esta forma de adivinación, que sigue siendo fundamental en las sociedades nómadas.

✦ ⋅ ✶ CLARIVIDENCIA ✶ ⋅ ✦

Es probable que palabra *clarividencia* nos evoque imágenes de una mujer enjoyada dirigiendo una sesión de espiritismo, pero en realidad se refiere a la facultad de ver cosas con el «tercer ojo», el ojo de la sabiduría; a la capacidad para ver tu futuro o detectar energías y espíritus.

La clarividencia es una forma de percibir cosas más allá de los límites del mundo físico, cosas que no son visibles a simple vista. En francés, *clair* significa «claro», y *voyance* significa «visión». Muchas prácticas espirituales y religiosas a lo largo de la historia se han beneficiado de esta potente habilidad.

Un clarividente utiliza su intuición y su percepción, recurriendo a sus sentidos internos, para desvelar imágenes en su tercer ojo, como una escena de una película o un sueño despierto. A continuación, combina lo que ve intuitivamente —y, a veces, con herramientas adivinatorias— para responder a una pregunta candente o para construir una imagen de lo que podría suceder, basándose en el pasado y el presente.

Aunque sea una habilidad natural, lo que convierte a alguien en clarividente es su capacidad para con la práctica mejorar y ampliar sus habilidades.

CÓMO CONVERTIRSE EN CLARIVIDENTE

Se dice que todos tenemos una habilidad natural, pero ¿estás en sintonía con tus habilidades psíquicas? A continuación, te indicamos cómo saber si estás listo para aprovechar tus habilidades clarividentes:

- Tienes sueños muy vívidos que parecen reales... y puedes recordarlos con detalle cuando te despiertas. Si el mismo sueño se repite una y otra vez, quizá sea el momento de que te despiertes y tomes nota.

- Si alguna vez sientes un cosquilleo en el centro de la frente, entre las cejas, es posible que estés sintiendo cómo se activa tu tercer ojo.

- Si tanto estando despierto como dormido ves imágenes, símbolos y visiones en tu cabeza, ¿qué intentan decirte?

- ¿Has visto algo por el rabillo del ojo? Esto puede hacer que gires la cabeza para comprobar si realmente has visto algo o no. ¿Quién sabe?

AFINA TU CLARIVIDENCIA

A medida que aprendes la disciplina de la concentración y el enfoque, despejar tus pensamientos y abrir tu mente te ayudará a identificar cualquier visión que aparezca en tu mente. Necesitarás ver más allá de tus cinco sentidos, por lo que la meditación es un buen punto de partida. Si puedes, medita diariamente durante 20-30 minutos hasta que la visión clara se convierta en algo instintivo y automático.

EJERCICIOS Y CONSEJOS

- No tengas miedo de soñar despierto y dejar que tu mente divague. ¡A ver adónde te lleva!

- Conéctate con cualquier guía espiritual, dios, diosa u otro ser sobrenatural con el que trabajes habitualmente.

- Practica haciendo lecturas.

- Medita con un cristal que estimule tu tercer ojo, como lapislázuli, sodalita, labradorita o piedra lunar. En tu ojo de la sabiduría recibirás imágenes y visiones.

- Escribir un diario de tus sueños te ayudará a comprender los mensajes que vas recibiendo.

✦ ⸳✦ HERBOLARIA ✦⁛✦

Como ejemplo de magia·k natural, no hay nada más útil para desarrollar tu arte que las hierbas: más de 28.000 especies de plantas se utilizan con fines medicinales en todo el mundo, se han utilizado durante miles de años en rituales, y como alimento o medicina. Curanderos, chamanes, mujeres, médicos y brujas han practicado la herbolaria en todas las épocas.

En algunas culturas antiguas, los rituales y las oraciones acompañaban a la curación física, y el paciente era sometido a una purificación con humo, se le daba una infusión de hierbas para beber y se realizaban conjuros a los espíritus para una rápida recuperación. Además, las plantas se utilizaban en otras áreas de la magia·k para elaborar talismanes, pociones y hechizos.

En la actualidad, las brujas siguen lanzando hechizos con hierbas o elaborando pociones para sanar a los enfermos, mientras que muchos neopaganos también utilizan las hierbas como parte de sus rituales. Cada planta tiene unas propiedades específicas, por lo que pueden enriquecer tu vida con múltiples beneficios, desde atraer la abundancia hasta cuidar la salud.

✦ USO DE LAS HIERBAS ✦

Algunas plantas pueden ser tóxicas para los animales o las personas, así que ten cuidado e investiga bien cada planta que vas a utilizar. Si tienes pensado ingerir hierbas en forma de infusión o tintura, asegúrate de que sean aptas para el consumo; además, has de tener en cuenta que algunas hierbas están contraindicadas para determinadas afecciones médicas. En caso de duda, consulta con un profesional.

Plantas alucinógenas

Las ceremonias de ayahuasca se han popularizado cada vez más, ya que los buscadores espirituales recurren a esta hierba alucinógena para alcanzar trances visionarios o en ceremonias para sanar traumas. Sin embargo, esta práctica es controvertida y muchos la consideran potencialmente peligrosa.

La ayahuasca es una bebida elaborada por un chamán a partir de las plantas *Banisteriopsis caapi* y *Psychotria viridis*. Debido a sus sustancias psicoactivas, su consumo provoca un cambio en el nivel de conciencia. Esta bebida alucinógena, ingerida con fines espirituales y religiosos por antiguas tribus amazónicas, siguen utilizándola algunas comunidades religiosas de Sudamérica y puede tener efectos tanto positivos como negativos para la salud.

Uso de hierbas para la adivinación

1. Tritura un poco de pachulí, ajenjo o artemisa hasta obtener una textura fina y espárcelo uniformemente en un pequeño recipiente cuadrado de cerámica o vidrio.

2. Con los ojos cerrados, toca suavemente el centro del recipiente con el dedo índice de tu mano no dominante.

3. Mueve el dedo por el plato, dejando que libremente dibuje o haga trazos.

4. Retira el dedo y abre los ojos.

5. Observa detenidamente qué has dibujado o escrito en las hierbas y, si no encuentras un sentido inmediato, ¡hazle una foto! Es posible que el significado se te ocurra más tarde y, a medida que adquieras experiencia, podrás adivinar los significados más rápidamente.

Uso de hierbas para la protección

1. Haz un manojo con los tallos de algunas hierbas protectoras, como el cardo, la madreselva, el hisopo y el hinojo.

2. Ata los tallos con un hilo y cuélgalos en un lugar adecuado.

3. Manifiesta tu intención de qué deseas proteger.

USO DE LAS HIERBAS PARA LA MAGIA·K

Hay muchas formas de potenciar tus intenciones mágicas con hierbas. Algunas de estas pueden inspirarte:

Infusiones o tés

¡Disfrutarás aún más de tu taza de té si comprendes los beneficios adicionales de una infusión mágica! Puedes comprar bolsitas con las hierbas que prefieras o preparar tus propias infusiones con té a granel y un colador. Antes de infusionar tus hierbas, recuerda «cargarlas» de tu intención mágica sobre cómo quieres que funcionen. Luego, siéntate y disfruta mientras reflexionas sobre tu intención con cada sorbo.

Baño

Las infusiones pueden formar parte de una relajante rutina de baño, vertiendo una infusión de hierbas directamente en el agua de la bañera o dentro en una bolsa de muselina o arpillera que las contenga.

Amuletos

Haz una bolsita con las hierbas seleccionadas y colócala en tu casa —por ejemplo, junto a la puerta principal para proteger tu hogar— o llévala contigo en el bolsillo. Para hacer tu propio amuleto, coloca algunas hierbas en un trozo de tela cuadrado y ata los extremos con una cinta o un cordón.

Muñecos de hierbas (*poppets*)

Estas pequeñas figuras de tela con hierbas cosidas en su interior funcionan mejor cuando los usas para ti mismo, ya que son idóneas para hechizos de curación y protección. En internet o en tiendas especializadas, puedes comprar *poppets* ya hechos.

Polvos

Mientras trituras las hierbas en un mortero, piensa en las propiedades mágicas de cada planta. Los polvos pueden añadir potencia a los hechizos y conjuros.

Ungüentos

Derrite un ingrediente base —por ejemplo, un aceite o manteca de cacao— y añade las hierbas en polvo. Mientras realizas este proceso, imagina que aquello que deseas ya se ha manifestado, y después vierte el ungüento aún caliente en un recipiente hermético. Úsalo en los puntos de pulso.

Aceites

Empapa durante varios días las hierbas frescas en un aceite base —como el de almendras, el de semillas de uva o el de oliva— antes de colarlas, y podrás usarlas para ungir o en los rituales.

Incienso

El delicioso aroma de las hierbas puede ayudar a la relajación y la concentración mientras meditas, en los rituales y las ceremonias. Compra tu incienso favorito ya preparado o quema algunas hierbas en polvo en un disco de carbón o en un platito.

✦ MAGIA·K PRÁCTICA ✦

La buena noticia es que la magia·k de las hierbas es muy práctica y, además, puedes trabajar con los ingredientes que ya tienes en tu cocina.

Cualquiera de estos consejos para obtener un poco de ayuda mágica puede resultarte útil:

- **Prosperidad: hoja de laurel.** ¿Buscas un nuevo trabajo? Escribe tu deseo en una hoja de laurel y guárdala en tu bolsillo. Quemar hojas de laurel en incienso añade potencia extra a los hechizos para atraer el dinero.

- **Amistad: naranja y limón.** Para fortalecer las amistades, haz un popurrí de cáscaras secas de naranja o limón.

- **Amor: milenrama.** Asociada con Venus y Afrodita, diosas del amor, invócalas para que te ayuden mientras utilizas esta hierba en tus hechizos y rituales.

- **Valentía: canela.** Si necesitas un impulso de valentía, ata un par de ramas de canela para colocarlas debajo de tu cama o llevarlas contigo.

- **Intuición y profecía: jazmín.** Si tienes que tomar una decisión importante o te gustaría que tus sueños te orienten, quema un poco de jazmín seco antes de acostarte para estimular tu intuición.

PRACTICAR
LA MAGIA·K

Para practicar este arte tienes que utilizar el poder de tu intención y tu voluntad para manifestar el cambio en el mundo físico. Hay diferentes formas de hacerlo, puedes elegir entre multitud de tradiciones y creencias asombrosas de todo el mundo.

Algunos ejemplos con los que quizá estés familiarizado son los hechizos, la quiromancia, la astrología, la manifestación, el tarot y el I Ching, pero existen muchos otros tipos fascinantes de adivinación y prácticas espirituales.

Lo mejor es preparar con antelación todo el material que necesites (véase la página 13) y el espacio para tu práctica. Si vas a montar un altar, adecúalo al tema del día, purificando el área con hierbas secas, como salvia, para limpiar cualquier energía negativa, y creando o trazando un círculo protector.

Ahora vamos a ver unas cuantas prácticas mágicas y cómo puedes prepararte para emprender tu sesión.

PREPARACIÓN PARA LA PRÁCTICA MÁGICA

- **Meditación:** si puedes, medita a diario, empezando poco a poco, durante solo diez minutos al día. Hay muchas formas de meditación —por ejemplo, con ejercicios de respiración o música—, explora cuál te resulta más agradable. La meditación es una disciplina clave en la magia·k, ya que a quien la practica le permite sentir la conexión con la tierra y ayuda a la mente a despejarse para centrarse en intenciones puras y estar abierta a la intuición.

- **Crea un espacio protector:** algunas tradiciones crean un círculo protector para lanzar hechizos u otros rituales mágicos, mientras que otras utilizan los símbolos del pentagrama o el hexagrama para este fin. Sea cual sea el que hayas elegido, crear un espacio seguro es fundamental.

- **Anota tus experiencias:** lleva un diario de los rituales que desarrolles espontáneamente, exponiendo cualquier idea o revelación que haya surgido; así podrás saber hasta dónde has llegado, entenderás más tu yo interior y la esencia de la magia·k. También es útil anotar tus sueños en el diario; porque, cuando más relajados estamos, como cuando dormimos, suelen surgir las ideas importantes.

✦·✦ CREAR UN CÍRCULO MÁGICO ✦·✦

Hay muchas formas de crear un espacio sagrado. Los wiccanos y las brujas suelen marcar un círculo que les proteja de las energías negativas y, así, lograr que el hechizo o el propósito tengan más fuerza.

Prepara tu círculo

1. Primero, dibuja el círculo. Esto se puede hacer físicamente, marcándolo con tiza, sal o una cuerda, o energéticamente, visualizando un círculo de luz a tu alrededor.

2. Limpia el área barriendo con una escoba o purificándola con hierbas quemadas.

3. Elige algo que represente cada elemento y colócalo en la dirección cardinal correspondiente, ya sea en el propio círculo o en las cuatro esquinas de un altar dentro del círculo.

4. Invoca a los elementos para que protejan y equilibren el espacio, lo que se conoce como «invocar a los cuartos». Puedes invocar a los elementos de forma colectiva o individual.

Sugerencias para tu círculo mágico:

- **Norte, tierra:** tierra, sal y una vela verde.
- **Este, aire:** incienso y una vela amarilla.
- **Sur, fuego:** una vela roja, especias o alimentos picantes y una piedra preciosa roja o naranja.
- **Oeste, agua:** un plato pequeño con agua y una vela azul.

INVOCACIÓN Y EXPULSIÓN DEL PENTAGRAMA

Los neopaganos, los thelemitas y la Orden Hermética de la Aurora Dorada suelen trabajar con el Ritual Menor del Pentagrama, utilizando una forma de pentagrama en lugar de un círculo. Manejan cinco elementos —incluido el quinto elemento, el espíritu—. Tras haber dibujado un pentagrama, limpian cualquier energía negativa o impureza de los elementos. A continuación, invocan a los elementos en su forma pura, antes de invitar a los cuatro arcángeles principales: Miguel, Uriel, Gabriel y Rafael.

Los wiccanos trabajan con un pentáculo, un pentagrama encerrado dentro de un círculo.

Cerrar el espacio

Cuando obres dentro de un círculo o un pentagrama, recuerda que has de limpiar o cerrar el espacio al final de tu práctica. Puedes hacerlo dando las gracias a los elementos —y a los arcángeles— e invitándoles a que se marchen. Puedes liberarlos como grupo o, si los has invocado individualmente, despedirte de ellos en la dirección opuesta a la que los invocaste. Por ejemplo, si fuiste en el sentido antihorario para invocarlos a tu círculo o pentagrama, muévete en el sentido horario para despedirte de ellos.

✦ LANZAMIENTO DE HECHIZOS ✦

Lanzar hechizos es una parte divertida, empoderadora y mística del arte mágico.

¿Qué es un hechizo?

- Un **hechizo** es una forma de dirigir tu energía con una intención mágica.

- Un **encantamiento** es un hechizo creado con palabras.

- Los objetos no son mágicos por naturaleza, pero nos ayudan a canalizar nuestra energía.

Los hechizos más exitosos son aquellos que responden a un deseo o una necesidad imperiosa. Sin embargo, ten en cuenta que debes estar en un estado mental tranquilo y equilibrado antes de lanzar un hechizo, ya que el resultado del mismo reflejará tu estado emocional en el momento de su creación. Si lanzas el hechizo cuando estás estresado o alterado, es posible que obtengas resultados erráticos. Para lograr un resultado positivo, asegúrate de canalizar tu energía mágica con concentración, compasión y sabiduría.

CONSEJOS PARA LANZAR HECHIZOS

Repetición

Repetir tu hechizo o conjuro te ayudará a reforzar tu intención. También se dice que el poder de la poesía es música para los oídos del universo:

«¡Recuerda que siempre recitarás
tu conjuro con una buena rima
y así su firmeza duplicarás!».

Cargar objetos e ingredientes

Algunos podrían argumentar que el único ingrediente verdadero que se necesita en un hechizo es la intención mágica, por lo que se podría cargar energéticamente cualquier objeto; por ejemplo, cargar una olla para usarla como caldero, o especias para usarlas en infusiones.

Ubicación

A la hora de decidir dónde realizar un encantamiento, los umbrales físicos —como las puertas, los alféizares de las ventanas e incluso las grietas en el suelo— pueden convertirse en portales mágicos. Puesto que estos abren el espacio entre dos mundos, completa el hechizo cerrando cualquier portal que abras. Puedes hacerlo simplemente diciendo «adiós» o pidiendo al portal que se cierre.

✦ ⁎ AUGURIO ⁎ ✦

¿Alguna vez te has fijado en ese pequeño petirrojo que se posa todos los días en tu ventana?

Las aves son criaturas mágicas que, probablemente, tiendan un puente entre el mundo físico y el espiritual, llevando mensajes de lo divino. Observar su comportamiento puede revelarnos rasgos del futuro. Este método mágico, que se remonta a miles de años, lo utilizaban los antiguos egipcios, los griegos, los romanos, los celtas y pueblos indígenas de América del Norte.

Piensa en las aves que ves a tu alrededor a diario. ¿Has detectado a alguna ave inusual, o a alguna que se comporte de forma extraña? Quizás hayas visto una bandada de pájaros revoloteando de forma extraña; si es así, piensa en qué podría significar eso. A veces, puedes detectar instintivamente qué intentan decirte, quizá sientas una emoción o una sensación de claridad mental sobre algo cuando los ves. Presta atención a cualquier cosa que te venga a la mente cuando veas un pájaro, es posible que esté transmitiendo un mensaje solo para ti.

✦ AILUROMANCIA ✦

La ailuromancia es una forma de adivinación que se realiza a partir de la lectura del comportamiento de un gato.

Cualquier movimiento inusual de tu minino puede indicar mal tiempo o una acción espiritual. Si alguna vez has notado que tu gato reacciona ante algo invisible, ¡podría estar jugando con los espíritus de tu hogar! Según la suma sacerdotisa wiccana Doreen Valiente, a los gatos les gustan las sesiones de espiritismo y se sabe que pueden realizar proyecciones astrales, es decir, que pueden tener experiencias extracorporales intencionadas.

Quizás también hayas detectado que les gusta sentarse en medio de un espacio ritual, tal vez subiéndose a un altar o entrando en un círculo, ¡especialmente mientras estás lanzando un hechizo! Querrán participar, así que simplemente entrarán y se pondrán cómodos.

En el pasado, los marineros solían observar al gato del barco para predecir el tiempo. Un gato que se acicalaba el pelaje en contra del sentido del pelo predecía granizo o nieve, mientras que un estornudo anunciaba que se avecinaba una tormenta. En la América colonial, cuando un gato se sentaba todo el día de espaldas al fuego, entendían que se avecinaba una ola de frío.

✦ ⁎ ✦ VIDENCIA A TRAVÉS DE OBJETOS ✦⁎✦

Para muchos de nosotros, la famosa consulta de la malvada reina a su espejo en *Blancanieves* es nuestra primera toma de contacto con la adivinación, una antigua forma de «ver». También conocida como hidromancia, oculomancia o cristalomancia.

Esta práctica parece haber aparecido por primera vez en China alrededor del 3000 a.C., en Egipto en el 2500 a.C., y en Grecia en el 2000 a.C. Sin embargo, el famoso profeta francés Nostradamus (1503-1566) es considerado como el padre de la adivinación. Utilizando un método de la antigua Grecia, realizaba sus profecías observando en un cuenco de bronce lleno de agua.

Aunque a menudo lo asociamos con la predicción del futuro; el futuro está abierto a cambios, por lo que es más útil pensar en ello como una forma de sintonizar con tu intuición y abrirte a los mensajes del universo. Mirar fijamente un objeto reflectante nos proporciona información a través de símbolos e imágenes, que un vidente interpretará como orientación espiritual, como claridad sobre las relaciones o los posibles resultados de diferentes elecciones.

Herramientas para la videncia

La videncia requiere un estado similar al trance ligero. Se puede realizar con una superficie reflectante, como una bola de cristal, un espejo de obsidiana o agua —en un cuenco, un lago o un estanque—, o con medios muy variados, como hojas de té, posos de café, la llama de una vela, una hoguera o cera... También se pueden hacer predicciones desde la contemplación de las nubes, la lectura del humo o la observación del alma.

Videncia simple

Antiguamente, la videncia tenía en cuenta la magia de la Luna, por lo que mayoritariamente se practica después de las diez de la noche.

El siguiente método te puede interesar:

1. Elige una herramienta de adivinación.

2. Busca un espacio tranquilo y una posición cómoda.

3. Cierra los ojos y alcanza un ligero estado de trance meditando, siendo consciente de tu respiración, repitiendo un mantra o con otra técnica que calme la mente y relaje el cuerpo.

4. Mantén una mirada apacible y concentrada en tu herramienta de adivinación. Sintoniza con tu intuición, confía en ella y ábrete a cualquier imagen, símbolo o clarividencia.

✦ TAROT ✦

El tarot, una de las prácticas mágicas más populares en la actualidad gracias a la profundidad y los matices de la información que proporciona. Desde antes de mediados del siglo XV en Italia, cuando se reconoce oficialmente el tarot, la gente ya buscaba consuelo y orientación en las cartas.

En una lectura, un mago experimentado te pedirá que selecciones las cartas que te atraigan, guiado por tu intuición, o por tus guías espirituales o deidades, para a continuación, interpretarlas (puedes aprender a leer el tarot para ti mismo o para tus amigos).

La baraja original del tarot Rider Waite es la más conocida, compuesta por 78 cartas de cuatro palos, que reflejan distintas áreas:

- **Bastos:** negocios y empresas.
- **Copas:** asuntos del corazón.
- **Oros:** finanzas.
- **Espadas:** lucha y conflictos.

Puedes realizar una lectura general o plantear una pregunta concreta al tarot. Cada carta está asociada a una orientación y energía específicas, lo que significa que puedes trabajar con ella en la manifestación o como una poderosa herramienta mágica en hechizos y rituales.

✦ ⋅ ✦ RUNAS ✦ ⦁ ✦

El lanzamiento de runas es un sistema de adivinación que se remonta a la Escandinavia precristiana, donde pueblos nórdicos y germánicos practicaban la antigua magia·k rúnica en busca de respuestas a sus problemas. Las tribus nórdicas creían que cada runa tenía su propia conciencia y energía, por lo que podía invocarse como a cualquier dios, espíritu, ángel o demonio, y utilizarse para bendecir, proteger, curar o maldecir. A menudo consultaban las runas para saber cuál era el momento más propicio para viajar o declarar la guerra.

Todavía hoy se utilizan pequeñas piedras o trozos de madera en los que se inscriben uno de los 24 símbolos antiguos. Mientras meditas sobre una pregunta concreta, el adivino saca las piedras rúnicas de una pequeña bolsa y las lanza al azar. A continuación, interpreta la lectura, teniendo en cuenta el patrón formado por las runas, así como los significados individuales y colectivos.

Los sistemas modernos de adivinación rúnica se basan en tradiciones como el hermetismo y el I Ching.

Se puede grabar una runa en madera o metal y llevarla como talismán para protegerse o para atraer el amor o la riqueza. También se utilizan para concentrar la intención de un hechizo, inscribiendo la runa correspondiente en una vela o en otra herramienta mágica.

✦ RADIESTESIA ✦

Esta antigua práctica adivinatoria utiliza varillas para detectar corrientes de energía, objetos o espíritus, aunque en su forma moderna se realiza con un péndulo.

Varillas de radiestesia

Las varillas de radiestesia suelen estar hechas de metal, aunque son válidas ramas en forma de Y de sauce, serbal o avellano. Las varillas que se sostienen se mueven cuando detectan actividad energética. Se pueden utilizar para:

- Buscar objetos.
- Detectar agua subterránea.
- Limpiar un espacio para liberar espíritus.
- Captar vibraciones energéticas, como espíritus o «líneas ley».

Líneas ley

Son líneas energéticas sobrenaturales que, según se dice, cruzan la Tierra, moviéndose entre múltiples lugares históricos como Stonehenge y el Mont Saint-Michel. Los chinos las llaman «líneas de dragón», mientras que los incas las llamaban «líneas espirituales» y los irlandeses, «caminos de hadas».

En Australia, los aborígenes indígenas tienen «trayectorias oníricas» o «líneas de canciones», caminos que cruzan la Tierra y el

Cielo. Estos caminos se describen a través de historias, pinturas, danzas y canciones tradicionales, lo que permite a los aborígenes orientarse por los vastos desiertos de Australia.

Radiestesia con péndulo

Un péndulo es una cadena con un objeto pesado en su extremo, a menudo un cristal. El objeto pesado se mueve cuando se le hace una pregunta y da una respuesta de «sí», «no» o «no lo sé». En primer lugar, ¡tienes que averiguar cómo quiere comunicarse contigo!

1. Sujeta la cadena entre el pulgar y el índice a unos 5-10 cm por encima del objeto pesado.

2. Mantenla firme y pídele «muéstrame un sí».

3. Observa en qué dirección se balancea.

4. Pídele que te muestre un «no» y un «no sé».

5. Prueba estas respuestas varias veces haciéndole una pregunta importante cuya respuesta conozcas con certeza.

Dependiendo de tus creencias, los péndulos funcionan conectándose con fuerzas divinas o mágicas, o el balanceo puede atribuirse a movimientos musculares involuntarios que canalizan el yo superior o la sabiduría del cuerpo.

Puedes fabricar tu propio péndulo con una cadena y un peso adecuado, como un anillo de un antepasado.

✦ ·✦ QUIROMANCIA ✦·✦

Esta sencilla forma de leer tu propio destino se puede llevar a cabo con solo mirar tus manos. La quiromancia es el arte de leer los patrones de las palmas de las manos y puede ayudarte a comprender muchos aspectos de tu vida: comportamientos, relaciones, personalidad y tu camino.

Tiene su origen en la India, con raíces en la astrología hindú, el I Ching chino y los adivinos romaníes. También existía en Grecia en la época de Aristóteles.

Hay muchas formas de leer la información: mirando las líneas, los montes y la forma de las manos y los dedos. En general, la mano dominante revela información relacionada con el presente y el futuro, y la mano no dominante lo dice todo sobre la infancia, las relaciones, las esperanzas y los miedos.

Las tres líneas más importantes que hay que leer son:

- **Línea de la vida:** indica la salud y el bienestar a lo largo de la vida.

- **Línea de la cabeza:** detalla cómo piensa y actúa una persona.

- **Línea del corazón:** se ocupa de las relaciones, las pasiones y las motivaciones.

✦ ONIROMANCIA ✦

¿Sabías que los sueños pueden ser mágicos? Cada vez que tengas un sueño aterrador, o incluso uno agradable, fíjate bien en los objetos, símbolos o temas que salgan, desde serpientes siseantes hasta la llegada de ese precioso regalo. Es posible que estés recibiendo una pista del mundo espiritual sobre lo que podría sucederte.

La oniromancia es una forma de adivinación profética a partir de los sueños. Venerada e importante en la mayoría de las culturas antiguas hasta en las más modernas. Los antiguos griegos, egipcios y babilonios creían que los sueños eran mensajes o advertencias enviadas al alma por los dioses o los muertos. Entonces, los adivinos tenían una enorme influencia política y social, y muy a menudo se les pedía que interpretaran los sueños de quienes estaban en el poder.

El ejemplo más famoso de oniromancia es el sueño del faraón en el Antiguo Testamento. José interpretó correctamente el sueño de las siete vacas gordas y las siete vacas flacas como un pronóstico de abundancia seguido un periodo de hambruna.

✦ MANIFESTACIÓN ✦

La idea de manifestar tus deseos se ha vuelto muy popular gracias a figuras famosas, como Oprah Winfrey, pero los magos siempre han comprendido su poder. Manifestar consiste en hacer realidad tus deseos dirigiendo intencionadamente tus pensamientos y tu energía hacia ellos. Su principio clave es la ley de la atracción: lo similar atrae a lo similar, y el pensamiento positivo atrae una realidad positiva.

Cómo manifestarte

- Marca un objetivo claro, pero mantén la mente abierta en cuanto a cómo pueden manifestarse los resultados.
- Da pasos proactivos hacia tu intención. Si estás visualizando una nueva carrera, empieza a investigar sobre ella.
- Trabaja con los ciclos lunares para conseguir una manifestación óptima (véase la página 37).
- Utiliza rituales mágicos para amplificar tus manifestaciones: un altar dedicado a ello, velas o hierbas específicas.
- Ahora, libera tu manifestación y confía en que está realizando su magia·k. ¡Obsesionarse puede obstaculizar su camino!
- Cada vez que des un nuevo paso hacia tu objetivo, recuerda dar las gracias.

✦·✷ ASTROLOGÍA ✷•✦

De vez en cuando solemos echar un vistazo a nuestro horóscopo del día, pero la astrología es un tipo de adivinación basada en la influencia de las estrellas y los planetas, y las lecturas dependen de su posición en determinados momentos. Se cree que la posición de los planetas en el momento de tu nacimiento influye en el camino que tomará tu vida, y muchas personas acuden a un astrólogo profesional para que les lea su carta natal y les ayude a navegar por los altibajos de la vida.

El grimorio más famoso de magia·k astrológica es el *Picatrix*, escrito en árabe alrededor del siglo XI d. C. y reeditado en la actualidad, lo que ha llevado a una especie de renacimiento de la «astromagia» o magia·k planetaria.

La astrología te da la oportunidad de convertirte en un participante activo de tu destino, en lugar de sentir que tu vida está a merced de los caprichos de los planetas. Puedes trabajar con los atributos especiales de los planetas en tus propias prácticas, según el día especial de la semana de cada planeta o sus horas planetarias.

✦ LOS PLANETAS ✦

Cada planeta desprende su propia energía. Echa un vistazo a las especialidades de algunos de los planetas:

Sol: confianza y visibilidad
Número mágico: 6
Colores: amarillo, dorado
Ofrendas: velas amarillas, miel, girasoles

Luna: bienestar emocional y miedo a la escasez
Número mágico: 9
Colores: blanco, plata, gris
Ofrendas: velas blancas, agua, conchas marinas

Saturno: responsabilidad y resiliencia
Número mágico: 3
Colores: negro, gris
Ofrendas: velas de colores oscuros, otros objetos oscuros o negros, ¡incluidos el café y el tabaco!

Júpiter: sabiduría y abundancia
Número mágico: 4
Colores: morado, índigo, amarillo, blanco
Ofrendas: ¡cuanto más extravagantes, mejor! Champán, frutas y aceites exóticos, incienso, dinero

Marte: competitividad y asertividad
Número mágico: 5
Colores: rojo
Ofrendas: vino tinto, incienso de sangre de dragón o piedras preciosas rojas, como la cornalina

Venus: amor y relaciones
Número mágico: 7
Colores: pasteles, verde esmeralda
Ofrendas: flores frescas, perfume, joyas

Mercurio: comunicación, viajes y tecnología
Número mágico: 8
Colores: naranja, multicolor
Ofrendas: objetos relacionados con la comunicación y los viajes, como cartas o llaves

Trabajar con los días planetarios

Además de trabajar con los propios planetas, la potencia de tus rituales crecerá si los efectúas en un día concreto:

- **Lunes:** Luna
- **Martes:** Marte
- **Miércoles:** Mercurio
- **Jueves:** Júpiter
- **Viernes:** Venus
- **Sábado**: Saturno
- **Domingo:** Sol

✦ ·✦ NUMEROLOGÍA ✦·✦

El matemático y filósofo griego Pitágoras creía que los números tenían sus propias energías y significados y, en consecuencia, la numerología es el uso de los números para la adivinación. A menudo, se emplea con otras herramientas adivinatorias para obtener información adicional a una lectura.

Aunque las interpretaciones varían entre los profesionales, aquí se presentan los significados clave asociados con los números del 1 al 9. Una vez que se alcanzan cifras de dos dígitos o más, se suman los dígitos del número para obtener un número de un solo dígito —a menos que se trate de un número maestro—, por ejemplo, 13 se representa como $1 + 3 = 4$.

0: la nada, el vacío, el infinito, antes de la creación

1: nuevos comienzos, liderazgo, oportunidad

2: asociaciones, armonía, equilibrio y colaboración, sensibilidad

3: creatividad, comunicación

4: estabilidad, practicidad

5: acción, aventura, adaptabilidad

6: amor incondicional, sanación, cuidado, esperanza, compasión

7: la mente, el pensamiento, el intelecto, la sabiduría, la intuición, la recopilación de información y conocimientos

8: equilibrio, éxito, logros

9: finalización, transformación, rendición

✦ NÚMEROS MAESTROS ✦

Los números maestros 11, 22 y 33 tienen una resonancia especial y son considerados como los números más poderosos en numerología. Representan lo siguiente:

11: crecimiento, intuición, sensibilidad, apoyo y guía divinos

22: lleva la energía más poderosa de construcción y manifestación de todos los números

33: cuidado, nutrición, creatividad, sanadores y guías, evolución espiritual elevada

La numerología en la práctica mágica

- La numerología es fácil de incluir en tu práctica mágica. Puedes meditar sobre las energías del número que elijas o incluir su vibración energética en un hechizo.

- También puedes descubrir valiosas ideas sobre ti mismo si sumas tu fecha de nacimiento para revelar tu número de camino de vida. Por ejemplo, 17 de octubre de 1992 = 1 + 7 + 1 + 0 + 1 + 9 + 9 + 2 = 30, que se representa como 3 + 0 = 3, lo que significa que tu número del camino de la vida es el 3.

- Puedes hacer muchos tipos de cálculos para descubrir cosas como el número de tu nombre o tu tipo de personalidad.

- Conocer la numerología que se aplica a tu propia vida puede ayudarte a ver tus objetivos con mayor claridad y a poder sacar tu máximo potencial.

✦.✷ EL I CHING ✷•✦

Uno de los libros más antiguos que existen, el I Ching, es un texto chino de adivinación que data aproximadamente del año 1000 a. C. Se trata de un oráculo que puede ayudarnos a la hora de tomar decisiones y a superar con éxito los momentos más difíciles.

Se dice que fue escrito por Fu Xi y, en español, se conoce como el *Libro de los cambios*. Esta obra inspiró los sistemas de creencias místicas del taoísmo y el confucianismo. El psicoanalista Carl Jung trabajó con el I Ching tanto a nivel personal como en las consultas con sus pacientes.

El I Ching reconoce que las personas tienen inherentemente rasgos positivos y negativos. Por ello, enseña cualidades positivas y desaconseja las acciones negativas del ego, como la codicia, la arrogancia y la ira.

Este método funciona a través de la cleromancia, una adivinación que se lleva a cabo mediante la elección de suertes. Hay distintas formas de cleromancia, como la que se visualiza tras haber elegido una carta o un palito. Aunque se puede argumentar que el resultado depende del azar, algunos creen que es obra de fuerzas mágicas, que revelan la voluntad divina o del espíritu.

El manual del I Ching te guiará en la interpretación de tu lectura, la cual se basa en 8 trigramas simbólicos y 64 hexagramas interpretados de acuerdo con los principios del yin y el yang. En la práctica tradicional se utilizaban tallos de milenrama para echar la suerte, ya que se consideraba que procedían de una planta sagrada. Las versiones modernas del libro sugieren agitar tres monedas en la mano y dejarlas caer.

Recibirás consejos sobre cualquier tema, desde el mejor rumbo que has de tomar hasta saber cuándo has de dar un paso atrás, reflexionar y dirigirte a un espacio de meditación y quietud. Sea lo que sea lo que necesites hacer en tu situación actual, el I Ching te hará buenas sugerencias.

Una de las cosas maravillosas de este método es que cualquiera puede consultar el I Ching y comunicarse directamente con el espíritu. No se requiere formación, ya que el acto de la adivinación es magia·k en sí mismo.

Con la magia·k podrás tomar las riendas de tu futuro con más fuerza y formar parte de tu cambio personal y del colectivo.

✦ PSICOMETRÍA ✦

¿Alguna vez has visto en la televisión a psíquicos que reciben información con solo sostener el anillo o el reloj de alguien? Esta habilidad es la psicometría, la lectura de objetos simbólicos, y es un excelente punto de partida para los principiantes.

Traducida del griego, *psicometría* significa «medir el alma», y esta práctica recibió su nombre del médico estadounidense Joseph Rodes Buchanan en 1842. Él creía que dejamos residuos energéticos en los objetos que tocamos, derivados de nuestros sentimientos, pensamientos y acciones. Las personas con una sensibilidad energética pueden leer «el alma» a partir de las vibraciones energéticas que quedan en un objeto, cualquiera que sea, que pertenezca a otra persona.

Cómo leer un objeto

1. Sostén el objeto en tu mano. Cuanto más contacto haya tenido el propietario con él, más energía contendrá.

2. Cierra los ojos y respira profundamente.

3. Pregúntate mentalmente sobre el objeto. Por ejemplo: ¿Quién es su dueño? ¿Qué experiencias, pensamientos o sentimientos tuvo mientras lo poseía?

4. Deja que aflore cualquier imagen, emoción o recuerdo.

HECHIZO DE PROSPERIDAD DE LUNA LLENA

Prueba este hechizo wiccano para mejorar tus finanzas, potenciado por el poder de la luna llena.

Necesitarás
- Un caldero (olla o cuenco)
- Agua
- Una moneda plateada

Método
1. Cuando llegue la noche de luna llena, llena el caldero con agua potable.

2. Echa la moneda al agua y coloca el caldero en un lugar donde le llegue la luz de la luna, como el alféizar de una ventana o una mesa en la terraza.

3. Crea tu propio canto, aprovechando el poder de la luna llena para mejorar el flujo de abundancia en tu vida.

4. Deja el agua a la luz de la luna toda la noche.

5. A la mañana siguiente, saca la moneda del caldero y vacía el agua en tu jardín o en una maceta.

6. Lleva la moneda contigo durante una semana y luego gástala, lanzando su energía de riqueza al universo.

LANZAR UN HECHIZO DE AMOR DE MAGIA·K BLANCA

Un principio fundamental de la magia·k blanca es que no debe socavar la voluntad de otra persona. Lanzar un hechizo de amor a una persona para atraerla hacia ti se consideraría magia·k negra; es decir, intentar controlar la voluntad de otra persona. Un hechizo de amor de magia·k blanca implicaría establecer las cualidades que deseas en una pareja y dejar que la sabiduría sobrenatural encuentre a la persona adecuada.

Aquí tienes un hechizo para atraer a una pareja, ¡con la mejor de las intenciones!

Necesitarás
- Un altar
- Objetos elegidos, como hierbas y figuritas
- Papel y bolígrafo (opcional)

Método
1. Ten clara tu intención, qué quieres, piensa en lo que es importante para ti en una relación. ¡Solo pensamientos positivos!

2. Prepara tu altar y selecciona objetos que potencien el hechizo de amor. Puedes elegir hierbas apropiadas —como canela, jazmín o albahaca— o una figurita de una deidad —como Selene, Afrodita o Freyja, todas ellas diosas del amor.

3. Piensa en las cualidades que deseas en una pareja y coloca objetos en tu altar que representen esas cosas. ¿Qué tal un chile picante para la pasión? ¿O una imagen de un búho si deseas atraer a alguien sabio o inteligente? ¡Siéntete libre para ser creativo!

4. Traza un círculo (véase la página 96). Asegúrate de que tu altar (¡y tú!) estéis dentro del círculo. Colócate de cara al altar.

5. Medita sobre tu intención y concéntrate en los objetos que has seleccionado. Puedes rezar a las deidades o incluso utilizar una varita para señalar los objetos y canalizar tu energía e intención hacia ellos.

6. Si lo deseas, recita cualquier conjuro o realiza el ritual que consideres más apropiado. Puedes crear tu propio hechizo o utilizar algunos ya establecidos que hayas investigado de antemano. No emplees palabras o acciones negativas.

HECHIZO DE PROTECCIÓN DEL HOGAR

Este sencillo ritual utiliza el elemento tierra de la sal para limpiar y proteger tu hogar de las energías negativas. En los rituales religiosos, la sal siempre ha representado la pureza y, en cantidades moderadas, es esencial para que nuestro cuerpo funcione correctamente. Desde tiempos inmemorables, se ha utilizado para conservar alimentos, curar heridas, absorber energías negativas y ahuyentar la mala suerte. ¡Realiza este ritual tantas veces como quieras!

Necesitarás

- Una escoba
- Sal gruesa, como sal de roca, sal marina o sal de Epsom

Método

1. Barre el suelo para asegurarte de que el espacio está físicamente limpio. Puedes utilizar una escoba normal, una escoba de palo o tu escoba mágica.

2. Coloca un puñado de sal en el suelo.

3. Utiliza la escoba para esparcir la sal por toda la habitación, mientras recitas tus intenciones.

4. Cuando sientas que has limpiado cualquier energía negativa residual, barre la sal y tírala por el inodoro. Pide al agua que se lleve toda la negatividad.

UN HECHIZO PARA RESOLVER PROBLEMAS

Este hechizo wiccano utiliza los cuatro elementos para poder avanzar y salir de esa situación en la que te has estancado.

Necesitarás

- Un cuenco con agua
- Una varilla de incienso
- Un cristal de tu elección
- Una vela blanca
- Cerillas

Método

1. Colócalo todo sobre un altar, con el agua mirando hacia el oeste, el aire (incienso) hacia el este, la tierra (cristal) hacia el norte y el fuego (vela) hacia el sur.

2. Enciende el incienso para activar el elemento aire.

3. Calienta tus manos y luego sostén el cristal, para sentir cómo tu energía invoca al elemento tierra.

4. Enciende la vela para invocar al fuego.

5. Sumerge el dedo en el agua para activarla.

6. Inventa un canto propio que exprese tus sentimientos. Visualiza una carretera vacía y mírate a ti mismo avanzando por ella.

7. Deja que la vela se consuma por completo. Deshazte de los restos y da las gracias.

✦ CONCLUSIÓN ✦

Esperamos que este libro te haya inspirado para descubrir más detalles de la misteriosa fuerza sobrenatural que es la magia·k, además de haberte proporcionado unos primeros pasos en este arte: desde herramientas y símbolos con los que trabajar hasta los diferentes tipos de magia·k.

Hay tantos grupos, creencias y prácticas que no ha sido posible abarcarlos todos, porque una de las maravillas de la magia·k es su capacidad de adaptarse a cada individuo. Aunque se basa en ideas y tradiciones antiguas, la historia muestra la evolución y adaptación de las distintas prácticas, conservando siempre sus antiguas raíces, desde el culto a las deidades hasta la afinidad con la naturaleza.

Puedes dejarte guiar por otros en tus ceremonias, pero, en última instancia, ser mago se convertirá en una práctica personal a medida que adquieras la confianza necesaria para desarrollar tus propios encantamientos y rituales. Tanto si decides practicarla solo como si te unes a un grupo de personas con ideas afines para obtener apoyo y orientación, recuerda que el empoderamiento personal conlleva responsabilidad.

El misterio de la magia·k es eterno, ¡y los secretos están ahí para que los descubras!

CRÉDITOS DE LAS IMÁGENES

Portada y todo el libro: sol y luna © Tanya Antusenok/Shutterstock.com; hojas, destellos y lunas © lyubava.21/Shutterstock.com; p. 4: bola de cristal © Pixejoo/Shutterstock.com; p. 9: mujer mágica © Victoria Bat/Shutterstock.com; p. 17: caldero © Azuzl/Shutterstock.com; p. 28: triqueta © Serhii Borodin/Shutterstock.com, lanzas cruzadas © pavlematic/Shutterstock.com; p. 29: ojo de Horus © Roberto Marantan/Shutterstock.com, Hamsa © Trimaker/Shutterstock.com; p. 30: pentáculo © nu Kristle/Shutterstock.com, sello de Solomón © bsd studio/Shutterstock.com; p. 31: Marte © Aylin Art Studio/Shutterstock.com, cruz solar © Luis Line/Shutterstock.com; p. 32: Dios Cornudo © Zvereva Yana/Shutterstock.com, Triple Diosa © paw/Shutterstock.com; p. 34: símbolos de elementos © luma_art/Shutterstock.com; p. 35: símbolos de elementos © NeslihanGorucu/Shutterstock.com; p. 42: la Rueda del Año © paw/Shutterstock.com

EL PEQUEÑO LIBRO DE ASTROLOGÍA
Judith Hurrell

ISBN: 979-13-88177-00-2

Embárcate en un viaje de autodescubrimiento y encuentra tu lugar en el cosmos con esta apasionante introducción a la astrología. Tanto si tienes curiosidad por tu propio perfil astrológico como si te interesa descifrar los mensajes cósmicos del mundo que te rodea, este libro es tu vía de acceso a la SABIDURÍA DE LAS ESTRELLAS.

Gracias

nuu